콰이어트 리더십

현대지성 리더십 클래스 002

QUIET LEADERSHIP

콰이어트 리더십

섬세하게 이끌고 강력하게 성과를 내는
내향형 리더십 4단계 성공 전략

제니퍼 칸와일러 지음 | 이한이 옮김

현대
지성

내향형 리더를 코칭할 때는 신이 납니다. 그들은 덤덤하고도 진중한 표정을 짓습니다. 찬찬히 생각하고 깊게 고개를 끄덕이죠. 생각이 다를지라도 상대의 말을 쉽게 끊지 않고 경청합니다. 더 좋은 결과를 위해 집중력과 인내심을 발휘할 줄 알아요. 내면으로 주의를 기울이는 방법을 잘 알기에 뛰어난 자기 인식과 자기 성찰을 보여줍니다. 덕분에 대화는 예리하고 깊어집니다.

무엇보다 이 책이 반가웠던 이유는 내향형 리더가 지닌 이러한 강점과 매력을 여실히 보여주기 때문입니다. 소리 없이 강한 자들의 손에 어떤 무기가 들려 있는지를 보여주거든요. 내향형 리더에게는 '인정'의 경험이, 외향형 리더에게는 '이해'의 기회가 될 것입니다.

한편 그들은 걱정합니다. 상사에게 성과를 어필하지 못한다고, 외향적인 동료에 비해 적극성과 주도성이 떨어진다는 평가를 받는다고, 활력 있는 팀워크를 조성하지 못하는 것 같다고요.

리더는 성격대로만 일하는 자리가 아닙니다. 혼자 있는 것을 즐기지만 캔미팅^{can meeting}에서는 먼저 다가가 대화할 줄 알아야 하고, 이메일 보고가 편하지만 때론 일대일 미팅으로 까다로운 이슈를 해결해야 하죠. 팀의 성과를 영업하는 데 목소리를 높이기도 하고, 때론 주목을 끄는 프레젠테이션을 해내야 할 수도 있습니다. 이 책은 그럴 때 안전지대에서 걸어 나와 문제를 극복하는 방법을 알려줍니다. 너무 서두르지 않으면서도 명료한 방식으로, 당신이 지금보다 더 큰 존재감을 드러낼 수 있도록 돕습니다.

나다움을 잃지 않으면서도 나다움에 갇히지 않는 조용하고 강한 리더십을 발휘하고 싶은 당신에게 이 책을 권합니다.

▶ 김윤나 | 말마음연구소 소장
『말그릇』『리더의 말그릇』 저자

지금 우리는 내향인들의 리더십 르네상스를 맞이하고 있다. 하지만 내향적인 리더들은 여전히 효과적으로 리더십을 발휘하는 방법을 잘 모른다. 이 책은 수년간 내향형 리더들과 함께 일해온 저자가 현장에서 얻은 생생한 조언으로 가득하다.

▶ 애덤 그랜트 | 와튼스쿨 조직심리학 교수
『기브 앤 테이크』『싱크 어게인』 저자

마침내 내향적인 사람들이 조직에 기여하는 엄청난 가치를 인정하는 책이 나왔다. 인상 깊은 사례들과 강력하고 실용적인 방법론이 담겨 있다. 조용하게, 그러나 자신감 있게 리더십을 발휘하는 방법을 배울 수 있을 것이다.

▶ 다니엘 핑크 | 미래학자
『후회의 재발견』『드라이브』 저자

이 책은 리더란 결과를 만들어내는 사람이며, 내향인이든 외향인이든 성향이란 부차적일 뿐임을 알려준다.

▶ 브라이언 트레이시 | 비즈니스 컨설턴트
『잠들어 있는 성공시스템을 깨워라』 저자

외향인들의 세상에서 내향적인 당신의 리더십을 일깨워줄 궁극의 내향인 리더십 가이드!

▶ 아리아나 허핑턴 | 허핑턴 포스트 공동 창립자

좋은 소식이 있다. 리더로 성공하기 위해 이제는 더 이상 외향적인 척할 필요가 없다. 이 책으로 당신은 자신감과 부드러운 권위를 갖추는 리더의 기술을 배우게 될 것이다. 이는 당신이 원하고, 필요로 하고, 마땅히 받아야 할 존경과 충성심 그리고 성과를 안겨줄 것이다. 읽고, 실천하여, 결과를 손에 넣어라.

▶ 샘 혼 | 비즈니스 커뮤니케이션 전문가
『적을 만들지 않는 대화법』 저자

외향인 제니퍼 칸와일러는 내향성을 가장 명료하고 통찰력 있게 옹호한 최초의 인물이다. 최신 연구들을 바탕으로 쓰인 시의적절한 이 책은 내향인이 리더로서 한 걸음 더 나아갈 수 있고, 외향인이 직장 내 다양한 인물 군상을 이해할 수 있게 돕는 강력하고 새로운 도구다. 『콰이어트 리더십』은 리더십에 관한 현대의 고전이다.

▶ 소피아 뎀블링 | 『내향인의 방식』 저자

세상에는 사려 깊고, 내향적이며, 조용한 '보석'들이 많다는 사실을 깨닫게 한다. 자신이 내향적이라고 생각한다면 이 책을 꼭 읽어라!

▶ 릴리아나 드 케로구엔 | 팔레트 구르망드 사장

내향인의 세계에 관해 외향인의 시각과 최신 연구들을 결합해 신선한 관점을 제공한다. 제니퍼는 내향인들의 마음을 얻었다! 이 책은 리더로서 여정을 시작한 내향인들에게 어떻게 하는 것이 최선인지 깊이 있게 알려주는 선물 같은 책이다. 내향형 리더와 그들의 멘토가 될 모든 이가 반드시 읽어야 한다.

▶ 베스 L. 뷸로 | 국제코치연맹 인증 코치
『내향형 기업가』 저자

이 책은 내향인과 외향인 모두에게 중요하다. 외향인은 내향인의 사고방식을 더 깊이 알 수 있고, 내향인은 자신의 내향성과 그 진정한 가치를 조직이 받아들이도록 하는 법을 배울 수 있다. 이 책에 담긴 조언과 도구는 외향인 편향의 비즈니스 세계에서 내향인을 위한 안내자가 되어줄 것이다. 쉿, 들리는가? 당신의 자신감이 커지는 소리가!

▶ 빌 트레저러 | 『용기를 가지고 임하라』 저자

타고난 강점을 발휘해 일터에서 자신의 지분을 확실히 차지하기를 원하는 내향형 리더라면 외향인 편향의 세상을 탐색하는 이 가이드가 도움이 될 것이다.

▶ 베벌리 대니얼 테이텀 | 스펠만 대학 명예총장

내향형 리더를 위한 이 최초의 책에는 수많은 일류 기업과 일해온 저자의 경험이 메아리친다. 어두운 그늘에서 한 걸음 걸어 나오는 것이 두려운 내향인들이여, 이 책에서 자신의 성향은 유지한 채 밝은 빛으로 나오는 법을 배우게 될 것이다.

▶ **톰 대로 | 탤런트 커넥션스 설립자 겸 회장**

나는 15년 넘게 임원급들의 코치로 일했는데, 이 책이 좀 더 빨리 나왔다면 나의 수많은 내향형 고객에게 큰 도움이 되었으리라 생각한다. 제니퍼가 만든 (명확하고, 구체적이고, 결과 지향적인) 4P 프로세스는 '목소리가 크지 않은' 리더가 경력을 쌓고 성공을 거머쥐는 데 도움을 준다. 당신이 내향인이라면, 혹은 내향인 부하 직원을 두고 있다면 바로 이 책을 기다려왔을 것이다. 당장 읽고, 활용하라!

▶ **샤론 조던 에번스 | 자기계발 코치**
『회사 떠날 것인가 남을 것인가』 저자

지금 이 시대에 딱 맞는 책. 제니퍼 칸와일러는 내향형 리더들이 매일같이 마주하는 도전과 기회를 잘 이해하고 있다. 이 책으로 당신은 글로벌 리더로 나아갈 잠재력을 깨우게 될 것이다.

▶ **파브리스 에그로스 | MBA 경영학 박사**
루핀 기업개발 및 성장시장 부문 사장

서문 ▶ ▶ ▶
: 내향인은 이미 리더의 자질을 타고났다

더글러스 R. 코넌트
前 캠벨수프 CEO

마이어스-브릭스 성격유형 검사, 이른바 MBTI에 따르면 저는 내향형 인간입니다. 내향인인 저는 저 자신의 내면으로부터 에너지를 얻습니다. 반면 친분이 없는 사람들 사이에서 오랜 시간을 보내면 기가 빨립니다. 앞으로 이 책에서 내내 설명하겠지만, 내향인은 다른 사람에게 기가 빨리면 따로 충전의 시간을 가져야 합니다. 제 경우에는 (회사에서 오랜 시간을 보내는 것과 같이) 사회적인 활동을 한 뒤에는 꼭 혼자 어딘가에 틀어박혀 생각할 시간을 가집니다. 그날 하루가 어땠는지부터 이런저런 생각을 하면서 충전할 시간이 필요하죠.

2,000명 가까운 직원이 일하는 캠벨 수프^Campbell Soup^의 CEO였던 저로서는 이러한 내향적 성향 때문에 무척 힘들었습니다. 제가 하는 일의 많은 부분이 사람들 앞에 '나서는' 것이었으니까요. 그뿐만 아니라 제게는 급격하게 하락한 시장 가치를 짧

은 시간 안에 다시 되돌려놓아야 하는 임무도 있었습니다. 저는 CEO로 재직하던 몇 년에 걸쳐 전 세계 관리자들의 변화를 이끌고, 포트폴리오를 새로 만들고, 비용을 줄이고, 캠벨의 상품과 마케팅 프로그램, 혁신 파이프라인, 기반 시설에 전략적 투자를 집행했습니다. 그 결과 캠벨은 전 세계 식품 산업에서 최상위 업체에 올랐고, 주주들에게 배당금을 나누어줄 수 있게 되었죠.

이제는 코넌트리더십ConantLeadership의 설립자이자 CEO가 되었지만, 여전히 제 직무는 내향적인 성향과는 맞지 않는 일입니다. 저는 종종 사람들로 가득한 강연장 연단에 서서 21세기에 필요한 리더십에 관해 연설합니다. 어떻게 하면 조직에 유용한 리더가 될 수 있는지 떠들죠. 누군가는 이렇게 물어요. 저같이 내향적인 사람이 어떻게 그러한 일들을 해내느냐고. 좋은 질문입니다.

살면서 단 한 번도 '좀 더 외향적이었으면 좋았을걸' 하고 바란 적이 없다면 거짓말이겠죠. 하지만 제가 외향적인 면모를 타고나지 않았다는 것만은 엄연한 사실이에요. 쉰 살이 되어갈 무렵 깨달은 건데, 제 스스로 가장 잘한 일은 함께 일하는 사람들에게 진실을 말한 것입니다. 바로 제가 내향인이라는 그 한 가지 사실 말이죠. 또 하나 깨달은 건 우리는 타인의 마음을 잘 읽지 못한다는 거예요. 그래서 저는 제가 무슨 생각을 하고 있으며, 어떤 감정을 느끼는지 함께 일하는 사람들에게 알려줍니다. 그리고 마침내는 이러한 소소한 대화를 리더십을 위한 도구로 계발했죠. 'DRC 오리엔테이션'이라고 부르는 것인데, 사람들에게 내가 어떤 사람이고 무엇을 시도하려는지 본질적인 부분을 알려주는 자리를 갖는 것입니다. 신입사원들이 입사하면 곧장 DRC 오리엔테이션을 치러요. DRC 오리엔테이션을 통해 함께 일하는 모두에게 내가 어떤 사람이고, 어디 출신이고, 내가 그들에게 무엇을 바라는지를 분명하게 알리죠. 내향형 인간임을 '선언'하는 일은 해방감을 줍니다. 타인의 스타일에 적응하느라 애쓰고 힘겨워하는 것보다 훨씬 낫죠. 저는 10년 넘게 DRC 오리엔테이션을 진행하고 있으며, 이 오리엔테이션은 처음 같이 일하게 된 사람들과 강한 결속을 맺게 해주고, 서로에게 빨리 적응할 수 있게 합니다.

기술을 계발하려면 의식적으로 노력해야 해요. 언젠가 나비스코Nabisco의 CEO가 제게 영업 부문 부사장으로 와달라고 제의한 적이 있었습니다. 전 이렇게 말했죠. "농담하시는 거죠? 우선 전 내향적인 사람이고, 둘째로 골프를 못 칩니다." 하지만 결과적으로 저는 그 자리를 수락했어요. 내 안전지대를 크게 벗어난 자리, 즉 내게는 불편하기 그지없는 세상으로 나아갔죠(이 책에서 제니퍼가 말하는 4P 프로세스에서 '밀어붙이기' 단계에 해당합니다).

그 일은 그때까지 제가 한 어떤 일보다 감정적으로 힘들었지만, 저는 도전에 한 걸음 발을 내딛었습니다. 이 한 걸음은 제가 효율적으로 일하는 리더로 성장하고, CEO의 위치로 나아가는 데 꼭 필요한 일이었어요.

이 책 『콰이어트 리더십(원제: The Introverted Leader)』은 내향인이 조직에 가져다주는 유익을 인식시키고, 그들이 결과를 얻어내는 과정을 소개합니다. 제니퍼는 수천 명의 내향형 리더와 일하면서 얻은 실질적인 교훈에 근거해 '4P 프로세스'라는 개념을 만들었죠. 바로 '준비하기Preparation, 존재감 드러내기Presence, 밀어붙이기Push, 연습하기Practice'를 말합니다. 제니퍼의 4P 프로세스는 프레젠테이션에서부터 포춘 500대 기업의 운영과 관계된 네트워킹에 이르기까지 내향인이 실무에서 맞닥뜨리는 수많은 도전적인 상황에서 실질적으로 활용할 수 있는 도구입니다.

이 책은 내향인은 물론 외향인에게도 큰 도움이 됩니다. 어떤 조직에나 내향인은 존재하고, 우리는 내향인이 조직에 기여하는 바를 간과해서는 안 되기 때문이죠. 대부분 리더란 외향적이고, 눈에 띄게 일하며, 카리스마 있는 유형이라고 생각합니다. 저는 이러한 관점이 정말이지 편협하다고 생각해요. 여러분의 조직에도 내향인이 있을 것이고, 분명 그중에는 리더의 자질을 타고난 사람이 있습니다. 오늘날 리더의 핵심 과제는 겉으로 드러나는 모습만 보지 말고 모든 동료가 지닌 잠재력을 최대한 발휘할 수 있게 돕는 것이죠. 이따금 외향형 인재가 리더의 자리에 빨리 오를 수는 있어요. 하지만 우리 내향인은 자기 속도대로 일하고, 하루가 끝날 때는 스스로 모든 방안을 강구해 일을 마칩니다. 내향인 역시 능률적인 리더가 될 수 있어요. 이에 관해서는 우리 앞에 수많은 사례가 널려 있습니다.

이 책은 여러분에게 직장에서 주목을 받고, 효율적으로 일하는 방법을 알려줍니다. 당신이 외향인이라면 내향인 동료를 더 잘 이해하고 그들을 어떻게 대해야 하는지 알게 될 것입니다. 당신이 내향인이라면 자신의 조용한 강점을 인식하고, 이를 발전시켜나갈 실용적인 지침을 얻게 될 거예요. 내향인인 당신은 뛰어난 리더가 될 자질을 이미 갖추고 있습니다. 자신이 어떤 사람인지 받아들이고 그 특성을 완전히 활용하는 것만이 결국 자신을 가장 크게 돕는 길입니다. 그리고 그것이 곧 자신이 속한 곳에 가장 실질적으로 기여하는 방법이죠. 바로 그 비결이 이 책에 있습니다.

QUIET LEADERSHIP

차례

이 책에 관하여 ▶ ▶ ▶
: 내향인이 일으키는 조용한 혁명

"책과 생각할 시간만 있다면,

나는 홀로 있을 때 완벽한 행복을 느낀다."

_아리아나 허핑턴[1]

내향인들이 판을 뒤집고 있다.

흔히들 직장에서 성공하려면 열정적이고 활기찬 성향이어야 한다고 믿는다. 하지만 이는 사실이 아니다. 현실을 지나치게 단순하게 보는 것이다. 겉으로는 조용하기 이를 데 없는 사람들이 머릿속만큼은 엄청나게 시끄러운 법. 내향인은 성공할 수 있는 잠재력이 충분히 있다. 하지만 불행히도 많은 내향인이 자기가 직장에서 소외되거나, 무시당하거나, 오해받고 있다고 느낀다. 우리의 직장 문화가 여전히 외향인 중심으로 형성되어 있기 때문이다. 그런데 희망적인 소식이 있다. 내향인들이 제 목소리를 내면서 세상이 내향형 리더가 지닌 힘을 깨닫기 시작했다.

　2008년 이 책을 처음 썼을 때만 해도 전 세계적으로 '내향성

introversion'이라는 단어가 화제에 오르지는 않았다. 심지어 당시에 내게 책 제목을 반어법으로 지은 것이냐고 묻는 사람도 많았다. 그들은 "어떻게 '리더'라는 단어와 '내향성'이라는 단어를 같이 쓸 수 있죠?"라고 물었다. 이 주제로 글을 쓰는 어떤 기자는 내게 임원급 리더 중에서 자신이 내향인이라고 말하는 사람은 한 번도 보지 못했다고 말했다. 조용한 리더에 대한 편견은 공공연했다. 나는 경청, 준비성, 침착함 같은 내향적인 특징이 수많은 위대한 리더에게서 얼마나 흔히 발견되는 공통 자질인지 모른다고 끈질기게 설명했다.

컨설턴트로 일하면서 나는 내향형 리더들의 성공을 돕는 기본 틀을 마련하는 책이 필요하다는 사실을 깨달았다. 검색했더니 이러한 주제를 다룬 책은 보이지 않았고, 그래서 내가 쓰기로 결심했다!

나는 내향인을 위한 실용적인 리더십 지침서가 필요하다는 사실은 알았지만, 책을 출간하고 나서 전 세계적으로 이토록 열정적인 찬사를 받을 줄은 몰랐다. 『콰이어트 리더십』은 여러 국가에서 번역 출간되었고, 나는 싱가포르에서 스페인에 이르기까지 수많은 나라에 강연을 하러 다녀야 했다. 독자들은 마침내 내향인이 리더로서 맞닥뜨리는 문제들을 해결할 전략적인 조언을 받았다면서 깊이 감사를 표했다. 이러한 전 세계적 관심은 내향형 리더의 시대가 왔음을 알리는 지표다.

내향형 리더의 재능과 조직 기여도를 인식하고 그 가치를 평가하는 일이 얼마나 중요한지를 보여주는 사례들은 많다. 수

전 케인[Susan Cain], 소피아 뎀블링[Sophia Dembling], 베스 뷸로[Beth Buelow], 로리 헬고[Laurie Helgoe], 낸시 앤코위트[Nancy Ancowit] 등을 비롯한 수많은 작가가 내향형의 장점을 인식하고 인정해야 한다는 데 목소리를 더하고 있다. 내향형의 장점을 소개하는 블로그 게시물이나 동영상은 셀 수 없이 많다.

나는 이러한 현상을 '내향성의 부상'이라고 부르겠다. 내향인들은 이제 (스스로가 높이 평가했던) 외향적인 이미지로 변화를 꾀하기보다 자신의 진실한 모습을 받아들이고 있다. 오랜 기간 내향인들의 지지자로 살아온 사람으로서 나는 이처럼 진일보한 현상이 무척이나 기쁘다.

내향성 혁명이라는 다음 물결

내향성이 부상한 데 그치지 않고 '내향성 혁명'이라는 다음 물결로 이어지려면, 외향성이 지배하는 세계에 적응하는 것 이상을 이루어야 한다. 이 혁명은 문화를 좀 더 포괄적으로 변화시킬 것이다. 전 세계 많은 조직에서 인종·민족·성별은 물론, 스타일과 성격에 이르기까지 다양성을 점점 더 중요하게 고려하고 있다. 이를테면 인사과에서도 면접을 볼 때 내향인의 자질을 잘 살펴볼 방법을 모색 중이다. 임원들은 내향형 직원들에게 사내에 휴식과 사색을 위한 공간을 어떻게 제공할지 고민한다. 회의에서도 대면 논의만이 아니라 서면을 이용하는 방식이 함께 고려되고 있다. 기업들은 내향인의 비즈니스 감각에 주목해야 한다는 사실을 깨닫는 중이다.

프레디맥Freddie Mac, NASA, 미국질병통제센터CDC, 에볼런트 헬스Evolent Health 등 유수한 조직에서 내향형 리더를 언급하고 있다. 도서관협회ALA, 인사관리협회SHRM, 전기전자학회IEEE 등 미국의 수많은 협회 역시 내향형 리더에 관한 인식 저변을 넓히고자 관련 프로그램을 후원하고 있다.

내향형 리더십에 관한 최신 연구 성과

앞서 말했듯이 2008년 당시에는 내향형 리더십에 관한 연구가 거의 없었다. 하지만 오늘날 관련 연구 및 언론 보도는 점점 늘어나고 있으며, 그로 인해 내향형 리더에 관한 흥미롭고 새로운 자료들이 쏟아지고 있다. 우선 학술 연구에서는 내향인의 특성, 내향인의 성과에 미치는 환경 요인, 내향형 리더와 조직의 성과 사이의 상관관계, 나아가 내향인의 뇌에 관한 연구까지 이루어지고 있다. 이러한 연구들이 줄어들 기미는 보이지 않는다. 이 책에서도 연구들의 결과물을 살펴볼 것이다.

지난 10여 년간 나 역시 설문 조사, 인터뷰, 사례 분석 등을 이용해 연구를 해왔다. 컨설턴트로 일하면서 나는 새로운 관점을 많이 접할 수 있었다. 커뮤니티에서 던진 질문들을 기반으로 어떻게 하면 내향형 리더가 직장에서 성공할 수 있는지를 연구했고, 그 연구에는 내향인이 외향인에게 어떻게 영향력을 발휘하고 협력해 인상적인 성과를 이뤄내는지 역시 포함되어 있다. 『콰이어트 리더십』을 쓴 뒤 나는 『조용한 영향력Quiet Influence』과 『반대의 재능The Genius of Opposites』을 썼는데, 두 권 모두 이때의 연구에 기반했다. 당신이 읽고 있는 최신 개정판 『콰이어트 리더십』은 이 책들을 바탕으로 최신 연구 성과와 실제 사례 들을 업데이트했다.

당신의 팀에도 내향인이 존재한다

고위 임원이든, 중간 관리자든, 일개 프로젝트 관리자든, 조직원들이 결과를 만들어내도록 이끌어야 하는 위치에 있는 '리더'라면 이 책이 가치 있을 것이다. 내향형 리더십에 관해 알고자 하는 새로운 고객들은 점차 늘어나고 있다. 여기에는 고위 경영진, IT 업계의 여성 리더, 아시안계 리더, 영업직, 내향인을 부하 직원으로 둔 리더 등이 있다.

당신이 중간 관리자든, 혹은 단기 프로젝트를 이끄는 임시 팀장이든, 당신이 이끄는 팀에는 내향인이 분명 존재한다. 이 책은 당신이 내향인을 좀 더 잘 이해하고, 그들의 능력을 최대한으로 끌어낼 수 있게 도와줄 것이다. 이 책을 펼친 당신을 환영한다. 리더로서의 여정에 필요한 전략과 정보가 이 책에 모두 담겨 있다.

외향인이 깨달은 내향성의 가치

내 강연이나 워크숍에 참가한 사람들이나 내가 만난 내향형 리더들이 종종 하는 말이 있다. "선생님은 절 너무 잘 아세요." 나에게 이보다 더 큰 칭찬은 없다고 생각한다. 컨설턴트이자 강연자, 트레이너, 리더십 코치 그리고 무엇보다 외향인으로 25년을 살아오면서 내가 내향인의 세계를 '진정으로' 이해하지 못했음을 잘 안다. 그리고 언젠가 나는 "내게서 영향을 받은 내향인들에게 나 역시 영향을 받고 있다"라고 쓴 적이 있는데, 이 말은 여전히 유효하다.

내가 내향성을 이해하게 된 건 내향인 남편과 결혼해 44년 간 같이 산 덕분이다. 남편 빌은 내게 조용히 숙고하고 경청하며 천천히 나아가는 것의 가치를 깨닫게 해주었다. 그는 내향인을 이해할 주요한 사례이자 본보기였다. 나는 외부 사람들에게서 에너지를 얻는 유형이지만, 나 자신에게 집중할 때 더 큰 편안함을 느낄 수 있음을 알게 되었다. 이제 나는 조용한 고독의 시간을 추구하고, 또 그러한 시간을 무척이나 사랑한다.

어떻게 썼는가

나는 다양한 산업 분야에서 수백 명의 내향형 리더를 인터뷰하고 자료를 모았다. 체계적인 질문지를 만들어 진행한 인터뷰도 있고, 강연이나 트레이닝 프로그램을 진행하면서 인터뷰를 한 경우도 있다.

나는 저널리스트의 모자를 쓰고 관찰 일지를 채워나갔다. 그 과정에서 나는 SNS를 통해 구체적인 질문을 하는 것이 자신의 생각과 감정을 글로 표현하기를 선호하는 내향인들에게서 좀 더 솔직한 생각을 이끌어내는 방법이라는 사실을 알아냈다. 이 개정판에서는 학술 및 비즈니스 분야의 독창적인 관점들 역시 다루고 있다.

이 책의 구성

먼저 도입부에서는 내향형 리더십을 정의하고, 내향인이 리더로서 조직에 발휘하는 이점을 제시한다.

1장에서는 내향인 대부분이 직장에서 마주하는 어려운 상황, 즉 극복해야 할 도전 과제를 다룬다. 도전 과제는 크게 여섯 가지로 나뉘는데, 인간관계에서 생기는 피로감, 느린 속도, 말을 끊어먹는 훼방꾼들, 자기 홍보에 대한 부담감, 팀워크 강조 문화, 내향인에 관한 부정적인 이미지를 말한다.

2장에서는 이 책을 이루는 핵심 틀을 소개한다. 바로 4P 프로세스로, 준비하기Prepare, 존재감 드러내기Presence, 밀어붙이기Push, 연습하기Practice를 말한다. 4P는 성공한 내향형 리더를 연구하는 나만의 기본 틀이다. 내향형 리더들은 조용함이라는 자신의 타고난 강점을 활용한 일들을 곰곰이 숙고하면서, 자신이 마주했던 모든 리더십이 필요한 상황을 이 네 가지 전략으로 설명했다. 4P는 또한 효과적인 코칭 수단이기도 하다.

3장에서는 내향인을 위한 리더십 테스트를 제시한다. 질문들에 답해봄으로써 현재 당신의 리더십 전략이 효율적인지, 당신을 뒷받침해줄 수 있는지를 점검할 수 있다. 그 결과를 상사나 팀원들과 함께 논의하면 더욱 유용할 것이다.

4장에서 9장까지는 직장에서 전형적으로 일어나는 상황들을 자신감 있게 헤쳐나가기 위해 어떻게 4P를 적용할지 알려준다. 사람들을 이끌고, 프로젝트를 주도하고, 프레젠테이션을 하고, 회의와 네트워킹(인맥 관리), 커뮤니케이션, 코칭, 관리 등을 운영하고 주관하는 데 4P를 사용해보자. 각 장에 즉시 활용할 수 있는 실용적인 도구와 방식 또한 마련해두었다.

10장에서는 4P를 활용한 실제 사례들을 통해 내향인이 자신의 조용한 강점에 집중했을 때 어떤 결과를 얻을 수 있는지를 보여준다.

마지막으로 11장에서는 4P 프로세스를 오래, 더 지속 가능한 방식으로 실천하는 방법을 알려준다.

이 책을 순서대로 읽어나가도 좋고, 흥미로운 장만 골라서 읽어도 좋다. 자유롭게 읽으면 된다. 초판을 읽은 독자들처럼, 여러분 역시 리더의 여정에 도움이 될 만한 교훈을 얻고, 그 교훈을 다른 사람들과 나눈다면 나는 더할 나위 없이 기쁠 것이다. 그 과정이 생산적이고 만족스럽길 진심으로 바란다.

세상은 내향형 리더를 원하고 있다

사람들과 함께 시간을 보내고 나면, 반드시 홀로 조용히 있을 시간이 필요한가? 이따금 자신의 목소리가 잘 전달되지 않는 것 같은가? 직장에서 종종 승진 기회를 놓치는가?

세 가지 질문 중 하나라도 "그렇다"라고 대답했다면, 당신은 내향형이다. 이 말은 당신이 내성적인 사람이라는 뜻도, 사람들과 있는 것이 즐겁지 않다는 뜻도, 다른 사람들과 함께 일하는 게 어렵다는 뜻도 아니다. 다만, 당신이 자기 내면에서 에너지를 끌어내는 사람이라는 말이다. 당신은 대개 사람들과 잘 지내지만, 시간이 흐를수록 사회생활에 에너지를 쓰는 데 피로감을 느낄 것이다.

이제 리더십 모델은 외향성을 강조하는 데서 내향성을 포용하는 방향으로 확장되어야 한다. 오늘날 조직들은 거대한 문제에 직면해 있다. 인구의 절반 이상이 내향인인데, 그들이 지닌 재능을 인지하지 못해 큰 손해를 보고 있다.

내향인은 팀을 이끄는 데 엄청난 강점을 지녔다. 내향인 특유의 조용한 강점을 활용하면 뛰어난 리더가 될 수 있다. 또,

내향인은 리더로서 팀원들이 좋은 결과를 낼 수 있도록 이끄는데 적합한 자질을 갖췄다. 각계각층의 많은 영리하고 뛰어난 리더들이 그 사실을 입증한다. GM의 CEO 메리 배라^{Mary Barra}, 메타의 CEO 마크 저커버그^{Mark Zuckerberg}, 마이크로소프트의 창업자 빌 게이츠^{Bill Gates}, 미연방 준비제도 이사회장 재닛 옐런^{Janet Yellen}, 워런 버핏^{Warren Buffett}, 배우이자 여성 인권 운동가 에마 왓슨^{Emma Watson} 등 내향인으로서 커다란 성취를 이룬 존경받는 인물은 수없이 많다.[2] 마더 테레사^{Mother Teresa}, 넬슨 만델라^{Nelson Mandela}, 에이브러햄 링컨^{Abraham Lincoln}, 엘리너 루스벨트^{Eleanor Roosevelt}, 마틴 루서 킹 주니어^{Martin Luther King Jr.} 등 역사에 길이 남는 위대한 내향인 역시 허다하다. 이들은 자신의 조용한 강점을 끌어내 위대한 업적을 달성하는 방법을 알았다.

내향성이란 무엇인가

심리학자 칼 융^{Carl Jung}은 '자기 내면에서 에너지를 끌어내는 사람'이라는 뜻으로 내향성을 처음 규정한 사람이다.[3] 우리가 지닌 에너지를 배터리라고 생각해보자. 외향인은 사람들과 함께 있으면서 배터리를 충전한다. 반면, 내향인은 자기 안에서 배터리의 힘을 끌어낸다.

이런 관점에서 내향인과 외향인의 특성을 살펴보면 도움이 될 것이다. 다음 표를 참고하라.

내향형과 외향형의 일반적인 특징	
내향형	**외향형**
홀로 조용하게 쉬면서 에너지를 얻는다. 반드시 휴식 시간이 필요하다.	다른 사람들에게서 에너지를 얻는다. 휴식은 좋지만 꼭 필요하지는 않다.
속마음을 잘 드러내지 않는다.	의견을 열정적으로 피력한다.
숙고한 뒤에 생각을 말한다.	떠오르는 생각을 즉시 말한다.
개인 생활을 우선시한다.	공개하고 공유하길 좋아한다.
표정으로 표현하지 않는다.	표정으로 말한다.
글로 쓰는 것을 선호한다.	말로 하는 것을 선호한다.
일대일 혹은 소규모 집단의 대화를 선호한다.	큰 규모의 집단을 선호한다. 집단 내에서 이야기를 빠르게 진행하고, 주제를 자주 바꾼다.
겸손하다.	자신의 성과를 이야기하길 좋아한다.
준비하는 데 시간이 걸린다.	재빨리 날아간다.
차분하다.	열의가 있다.

내향성과 외향성의 스펙트럼에서

우리는 모두 내향성과 외향성의 스펙트럼 어딘가에 위치한다. 종형 곡선으로 생각해보자. 종형 곡선 양 끝단에는 아웃라이어 (표본 중 다른 대상들과 확연히 구분되는 통계적 관측치를 가리키는 말로, 말콤 글래드웰의 동명의 저서를 통해 '각 분야에서 큰 성공을 거둔 탁월한 사람'이라는 뜻으로 널리 퍼졌다―옮긴이)들이 존재한다. 하지만 우리 대부분은 양극단이 아니라 어느 한쪽으로 살짝 치우

쳐 있을 뿐, 중간쯤에 분포한다. 당신이 내향형에 더 가까운지 외향형에 더 가까운지는 사람들과 어울리고 난 뒤 휴식을 취하는 게 얼마나 중요한지에 따라 알 수 있다. '반드시' 휴식을 취해야 한다면 내향형에 좀 더 가깝다. 사람들과 어울린 후 휴식을 취하는 것이 좋긴 하지만, 꼭 필요한 건 아니라면 외향형에 가깝다.

이른바 '양향형ambiversion'이라고 일컬어지는 개념에 대해서도 연구가 이루어져 있다.[4] 오른손과 왼손 모두를 사용하는 양손잡이처럼, 양향형은 내향형과 외향형의 기질을 모두 지녔으며, 때에 따라 기질이 변한다. 한 예로 영업직의 경우, 경청을 잘해야만 하는(내향성의 강점) 동시에 자신의 상품을 열정적으로 홍보할 수 있어야(외향성의 강점) 한다. 우리는 모두 각기 다른 자산을 보유하고 있다. 그 자산을 얼마나 사용하느냐, 즉 정도의 문제인 것이다.

성향보다 중요한 건 행동

내향형 리더 수천 명과 일하면서 나는 성공한 리더 대부분이 자기 인식과 조용히 성찰할 시간의 필요성을 이해하고 있음을 알게 되었다. 이들은 자신이 '내향인'인지 '외향인'인지 이름을 붙이는 데 매달리지 않았다. 그저 상황을 판단하고, 어떤 행동이 최선인지 선택했다. 때에 따라 그들은 목소리를 높여 말하기도 하고, 경청하기도 한다. 이 책을 읽어나가면서 알게 되겠지만, 자기 인식과 자아 수용은 강력한 결과를 가져온다. 효율적으로 일하는 내향형 리더는 자신이 어떤 선택을 하는지 의식한다. 깊이 생각하는 시간이 얼마나 가치 있는지 알고, 한편으론 외향적인 행동이 유용할 때가 언제인지도 잘 안다.

수줍음과 내향성은 다르다

내향적이라는 것은 수줍음을 잘 탄다는 말과는 다르다. 수줍음은 사회적 혹은 심리적 불안에서 유발되며, 스스로를 위축시킬 수 있다. 미국심리학협회APA에 따르면, 수줍음은 "스스로 원하거나 필요할 때조차 다른 사람들과 소통하기가 어려울" 수 있고, 이는 "인간관계나 직업에서 문제를 유발할" 수 있다.[5] 이따금 수줍음과 내향성이 겹치기도 하지만, 내향성은 어떤 성향을 타고났느냐에 관한 것이다. 성향이란 문제나 결함 혹은 극복해야 하는 특징이 아니다. 많은 내향형 리더가 유년 시절 "수줍음이 많았다"라고 고백한다. 그러고는 인생 경험이 쌓이면서 수줍음을 극복하고, 사회적인 상황을 다루는 방식들을 배워나갔다고 말한다.

내향성의 강점 인정하기

나는 강연에 참석한 내향인들에게 내향성의 장점을 큰 소리로 외쳐달라고 요청한다. 대답이 부족했던 적은 없다. 먼저 그들은 "관찰력이 뛰어나고, 경청할 줄 안다"라고 대답하며 이야기를 시작한다. 그 대답은 보슬비처럼 약하게 시작된다. 그러고 나면 "글을 잘 쓰고, 유머러스하고, 숙고할 줄 알고, 차분하고, 굴하지 않고 다시 일어설 줄 안다" 같은 말들이 소나기처럼 마구 쏟아져 내린다. 내향인들의 장점과 그것이 어떻게 조직에 기여하는지에 대한 말이 봇물처럼 계속 터져 나오고, 그렇게 자신이 지닌 재능을 깨닫게 되면 어느새 그들의 허리가 곧게 펴진 모습을 볼 수 있다.

이제는 내향형 리더의 시대

강연이나 트레이닝 프로그램을 시작하기 전에 나는 참석자들이 지닌 대표적인 특성을 파악하기 위해 그들이 겪는 어려움에 대해 묻는다. 참석자들은 대개 자신이 맨 처음 입을 떼거나 에너지를 사방으로 뿜어내는 사람이 아니라서 은연중에, 때론 노골적으로 편견의 대상이 된다거나, 다른 사람들이 자신의 말에 잘 귀 기울이지 않는다고 답한다. 1장에서는 이러한 어려움들을 크게 여섯 가지 도전 과제로 나눠 상세하게 살펴볼 것이다.

당신 역시 이 중 한두 가지 정도는 겪어봤을 것이다. 내향형 리더들은 타고난 조용한 강점을 이용해 이러한 도전 과제들을 극복할 수 있다.

외향인이 기준이 되는 리더십 모델을 뛰어넘어 내향형 리더십을 포용하면 다음과 같은 유익이 있다.

• 전 지구적으로 긴급한 사안 해결

내향성이 지닌 강점은 세계화, 디지털화, 세분화된 시장 상황에서 조직을 혁신하고, 경쟁력을 갖추고, 선도적 위치로 올라설 수 있는 핵심 역량이다. 내향인의 창조성과 지성은 새로운 아이디어에 불을 지피고, 현 상태를 뒤집을 수 있다. 기후 위기나 암 치료 같은 전 지구적으로 긴급한 사안을 해결하는 데 반드시 필요하다. 오늘날 내향형이 지닌 자질들은 팀과 조직이 성공하기 위해서는 필수적인 것이다.

• 직원 참여도 증가

조직의 40~60퍼센트는 내향인으로 이루어져 있다. 갤럽 조사에 따르면, 전 세계 노동자의 70퍼센트가 회사 일에 적극적으로 참여하지 않는다고 한다.[6] 이런 상황에서 내향형 리더의 힘을 이용할 절호의 기회를 놓쳐서는 안 된다. 내향인들은 자신의 기여를 인정해주는 조직에 머무는 경향이 있으므로, 그들의 참여를 유도하면 직원 참여도가 오를 것이다.

• 생산적인 직장 환경 만들기

내향인에게는 직장 내에서 협업을 한 뒤 홀로 있을 공간이 필요하다. 원격 업무 시스템 역시 생각해볼 수 있다. 이렇게 유연한 업무 환경은 생산성을 높일 수 있고, 내향인과 외향인, 양향인 모두의 성과를 높이는 부스터가 될 수 있다.

• 외향인들이 내향성의 강점을 활용할 수 있다

내향인이 조직 내에서 존중받고 그 강점을 인정받을수록, 외향적인 동료들 역시 자신이 지닌 조용한 강점을 더욱 잘 인식하게 된다. 이를테면 외향인들 역시 잠깐의 휴식으로 성과를 최적화하고, 경청하는 능력을 계발해 전체 조직에 유익을 가져다줄 수 있다.

• 함께 더 많은 성과를 낸다

성향이 비슷비슷한 팀원들이 모여 있는 것보다 다종다양한 팀원들이 모여 있는 편이 더 많은 성과를 낼 수 있다. 내향인과 외향인이 함께 일하는 것은 프로젝트 전체에 강점으로 작용할 수 있다. 서로 반대의 재능을 지닌 내향인과 외향인은 강력한 결과를 만들어내며, 고객에게 다양한 해결책과 신선한 아이디어를 제공할 수 있다. 그로 인해 고객은 기하급수적으로 늘어날 것이다(이와 관련해서는 『반대의 재능』에서 좀 더 자세히 다루고 있다).

좁게는 직장에서, 넓게는 세계적으로 우리는 중대한 문제들에

직면해 있다. 내향성의 강점을 이해하고 활용할 때, 내향인의 재능을 다양하게 끌어들이고 포용할 때, 조직과 팀, 개인의 발전뿐만 아니라 궁극적으로 지구 전체에 유익이 될 것이다.

1장

내향형 리더가 넘어서야 할
여섯 가지 도전 과제

외향인 편향을 넘어설 내향인의 도전

다음과 같은 상황을 상상해보자. 다섯 번째 진행된 관리자 회의에서 팀장이 침석자들에게 질문이 있느냐고 묻는다. 대부분이 엔지니어인 신참 관리자들은 침묵에 빠진다. 회의 전에 자료를 정리하고, 발표 전에 아이디어와 질문을 글로 적게 해서 참여를 이끄는 대신 팀장은 평소 하던 대로 회의를 진행한다. 빠르게 본 안건으로 넘어가 사람들이 자발적으로 의견을 개진하며 아이디어를 적극적으로 말하기를 기대한다. 이런 회의 방식은 외향인에게 적합하다. 하지만 회의실 안에는 외향인만 있는 게 아니다. 그렇다면 어떤 결과가 나올까? 팀장은 자기 아이디어에 기반한 행동 전략을 밀어붙이고, 회의 참석자들에게 약간의 동의와 수긍을 끌어낼 것이다. 결과적으로 회의 참석자들은 자신의 의견이, 즉 자신이 무시당했다고 느낀다.

이런 상황은 언제 어디서나 흔하게 일어난다. 내향인이 자신의 강점을 깨닫고 발전시킨다 해도, 외향인을 선호하는 미묘

하고 뿌리 깊은 편견을 밀어내기는 어렵다. 전통적으로 리더란 확실하게 공격적으로 말하고, 중심에서 강하게 자기주장을 해야 한다고 여겨진다. 통제권을 쥐고, 재빨리 움직이고, 직설적으로 말해야 한다. 우리는 아직 외향인의 모습을 이상적인 리더의 표본으로 여기는 세상에서 살고 있다.

이 책을 읽어나가면서 여러분은 이러한 '편견'을 강하고 명확하게 반박하는 연구 결과물들을 접하게 될 것이다.

내향인이 넘어서야 할 도전 과제

내가 조사한 바로는, 내향형 리더의 앞길을 막아서는 도전 과제는 크게 여섯 가지로 나뉜다.

- 인간관계에서 생기는 피로감
- 느린 속도
- 말을 끊어먹는 훼방꾼들
- 자기 홍보에 대한 부담감
- 팀워크 강조 문화
- 내향인에 관한 부정적 이미지

과제들에 이름을 붙이는 것은 변화를 향한 첫 걸음이다. 많은 리더가 외향적으로 일을 처리할 것이라는 기대를 받는다.

적어도 그래야 한다고 여기면서 일한다. 이런 문제들은 일단 수면 위로 끌어올려 제대로 다뤄야만 해결할 수 있다.

인간관계에서 생기는 피로감

우리 회사에서 100명의 내향인을 대상으로 진행한 설문 조사 결과를 살펴보면, 90퍼센트 이상이 "사람들과 부대끼는 일에서 기력을 소모한다"라고 대답했다. 수천 명의 내향인과 일하면서 나는 이 대답이 사실임을 보여주는 사례를 끊임없이 접했다. 내향인이 타인과 함께 무언가를 하기 싫어한다거나, 할 수 없다는 말이 아니다. 사실 그들은 사람들과 함께 즐겁게 시간을 보낸다. 다만 정도의 문제일 뿐이다. 상호작용 수준이 높아질수록 '외부로 나가는' 에너지가 빨리 소모된다는 말이다. 외향인은 이와 반대다. 외향인은 사람들과 충분히 시간을 보내지 못하면 에너지가 고갈되고 피로감을 느낀다.

'사람들과 함께하는 시간'의 임계치는 개인마다 다르지만, 활달하게 행동하고, 대화를 많이 나누고, 활발히 참여해야 하는 일은 내향인에게 스트레스가 될 수 있다. 물론 사람들과의 소통 역시 리더의 역할 중 하나다. 하지만 자신의 에너지 수준을 알지 못하고, 그것을 다루는 방법도 모른다면 쉽게 지칠 수 있다.

사람을 대하는 데서 오는 피로감(심한 경우 공포감)은 회의나 대규모 행사가 시작되기 전부터 생겨날 수 있다. 한 내향형 관리자는 다소 냉소적으로 이렇게 말했다. "칵테일 파티는 생각만 해도 끔찍해요. 거기에 끼느니 집에서 너무 지루해서 던져 둔 책을 다시 펼쳐 보겠어요."

느린 속도

기술의 발달에도 불구하고 (어쩌면 그 때문에) 직장 생활과 사생활 모두에서 그 속도가 정신없을 정도로 빨라졌다. 누구나 한 번쯤은 이에 불만을 토로한 적이 있을 것이다. 당신이 필요한 자료를 다 모으지 못했는데, 상사나 팀 혹은 회사에서 빨리 다음 단계로 넘어가라고 재촉한다. 내향인인 당신은 어떤 주제나 아이디어에 대해 충분히 숙고하고, 시간을 들여 결정을 내리고 싶을 것이다. 하지만 빨리 결단을 내려야 한다는 압박이 들어오고, 당신은 스트레스를 받는다.

말을 끊어먹는 훼방꾼들

내 책을 읽은 많은 내향인들이 직장에서 느끼는 소외감을 토로하는데, 이들은 특히나 회의에서 '잘려 나간' 기분을 느낀다고 한다. "전 외향적인 사람들이 끼어들기 전에 제 생각을 마무리할 수가 없어요." 내향인들은 종종 회의 도중에 자기 생각을 말할 틈을 찾을 수가 없다고 말한다. 자신의 반응이 너무 늦어서 아무도 자기 이야기를 듣지 못한다고 말이다.[7]

이런 일은 남성들이 주도하는 회의에 참여하는 여성들에게도 공통적으로 일어난다. 내향인 여성들은 논의에 빨리 뛰어들 수가 없는데, 그것이 예의 바르지 않다고 생각하기 때문이다. 일반적인 규범이 방해물이 되는 것이다. 이들은 회의 같은 공개 석상에서 자신의 아이디어를 말하지 못했을 때, 자신이 조직에 거의 기여하지 못한다고 느낀다. 그 결과, '내향인'과 '여성'이라는 이중의 편견이 생겨난다.

내향인인 당신은 잠깐의 휴식이 주는 힘을 알고 있을 것이다. 잠깐의 휴식은 숨을 고르고 생각할 시간을 준다. 마감일에 쫓기고, 기타 잡무들이 밀려들며, 첨단 기술로 빠르게 돌아가는 직장에서 잠시 쉴 공간을 찾는 것은 사람들을 효율적으로 설득할 계획을 짜는 데 꼭 필요하다.

하지만 당신이 잠시 숨을 고를 때, 외향인이나 언변이 뛰어난 사람들은 당신의 말이 끝난 줄 안다. 심지어 당신이 말을 하는 와중에도 그럴 때가 있다. 이는 당신에게는 훼방이지만, 외향인에게는 그저 공백을 채우기 위한 행동일 뿐이다.

더군다나 내향인들은 목소리 높여 말을 했을 때도 의견이 무시되거나 주변에 있는 저돌적인 성향의 사람이 아이디어를 낚아채 가는 일이 종종 생긴다고 주장한다.

자신의 아이디어가 제대로 반영되지 않는다고 토로하는 사람도 있다. IT 업계에 종사하는 한 노련한 리더는 자신이 신중하게 생각해본 뒤 이메일로 답변을 보내는 스타일인데, 그것이 사람들을 귀 기울이게 하는 데 효과적인 전략이 아님을 깨달았다고 한다. "아무리 형편없는 제안서라도 공개적인 상황에서 공표되면 이메일로 보낸 제안서보다 훨씬 오래 힘을 발휘하는 것 같다"라고 그는 말했다. 그가 속한 조직에서는 언어로 표현된 제안을 높이 평가하며, 이런 방식이 자신의 경력에 해를 끼쳤다는 것이다.

내향인은 다양한 아이디어와 해결책, 좋은 관점을 가지고 있지만, 그것들을 제대로 표현할 방법을 찾지 못한다면 영영 빛을 보지 못할 것이다.

자기 홍보에 대한 부담감

많은 내향형 리더가 자신을 스스로 홍보하거나 자기 성과를 드러내놓고 이야기할 필요성을 모르겠다고 말한다. 자신의 성과를 적극적으로 어필하지 않아서 그 가치를 제대로 평가받지 못하는, 이른바 '염가판매The Undersell' 문제는 우리 회사가 실시한 설문에 따르면 내향인이 겪는 가장 어려운 과제로 꼽힌다. 한 내향형 임원은 자기 홍보에 관한 이야기를 하면서 "외향적인 사람들은 자신의 멋진 부분을 드러내 쉽게 자기를 팔지만, 전 그저 전화가 오기만을 기다려요"라고 대답했다.

많은 내향인이 네트워킹을 불편하게 여기는 성향과 겸양 어린 태도 때문에 자기 홍보에 큰 어려움을 겪고 있다. 사생활에 가치를 두는 성향 때문에 SNS로 자기 성과를 부풀려 전시하는 행동을 불편하게 느끼기도 한다. 외향적인 동료가 SNS에서 눈에 띄는 활동을 한다면 이는 어려운 문제가 될 수 있다.

한 내향형 리더는 시간에 쫓기는 리더들에게 종종 들었던 말과 똑같은 이야기를 털어놓았다. "저는 누가 어떤 일을 이뤄냈는지 파악할 시간이 없어요. 전 제가 미처 묻기도 전에 자신이 무슨 일을 해냈는지 이야기하는 사람에게 기회를 줍니다." 이런 기회는 종종 자신이 무슨 일을 하고 있는지 온갖 사람들에게 소리 높여 말하고 다니는 외향인에게 주어진다.

팀워크 강조 문화

최근에 자신이 참여했던 업무를 생각해보라. 사람들과 논의하는 데 얼마나 시간을 썼는가? 반면 혼자 아이디어를 짜고, 제안서를 쓰고, 생산적인 작업을 하는 데는 얼마나 시간을 썼는가? 대부분 후자에 더 많은 시간을 들였을 것이다.

팀원들과 아이디어 회의를 하고, 목소리를 내면서 생각을 발전시키고, 다른 사람의 아이디어에 피드백을 하며 협력하면 서로에게 격려가 되고 생산성도 높일 수 있다. 하지만 많은 사람이 홀로 생각하고, 곱씹어보고, 창조적 아이디어를 내는 시간의 가치를 지나치게 간과하는 것은 아닌지 의문이 든다.

팀워크는 많은 사람이 서로 소통해야 할 때는 무척이나 도움이 될 수 있다. 다만 팀워크에는 노력이 필요하다. 원격 회의로 프로젝트를 진행할 때조차도 홀로 일하는 것보다 더 큰 에너지가 필요하다.

『콰이어트』의 저자 수전 케인은 "창의성과 지적 성취가 시끌벅적한 장소에서 나온다"라는 믿음을 '새로운 집단사고New Groupthink'라 명명하며, 이러한 방식이 되레 생산성을 억압할 가능성이 있다고 지적했다.[8]

팀으로 일하는 것의 장점은 프로젝트에 대한 다양한 관점이 공유되고, 프로젝트를 수행하는 데 필요한 여러 기술을 한데 모을 수 있다는 점이다. 그렇다면 내향형 팀원에게 최선의 아이디어를 끌어낼 수 있는 방식으로 팀을 운용하는 것이 목표 달성에 훨씬 도움이 될 것이다(이 부분은 6장에서 좀 더 자세히 설명하겠다).

내향인에 대한 부정적 이미지

내향적인 사람은 외향적인 사람보다는 표정에 감정을 드러내지 않는 경우가 많다. 아무 문제가 없을 때조차 내향인은 "무슨 일 있어?"라는 말을 자주 듣는다. 단지 그 순간 뭔가 생각에 빠져 있었던 것일지도 모르는데 말이다. '인지 격차^{perception gap}'라는 개념은 이러한 이미지 차이가 어떻게 생겨나는지를 설명해준다.

인지 격차는 당신이 드러내고자 하는 감정이나 태도가 상대에게 잘못 전달될 때 발생한다. 이를테면 당신은 이야기를 하고 있는 상대에게 흥미가 있음을 보여주고 싶다. 하지만 고개를 끄덕인다거나 표정을 시시때때로 바꾸면서 반응하지 못하는 바람에 외향적인 상대방은 당신이 지루해하고 있다고 오해하게 된다(최소한 당신이 그 주제에 흥미가 없다고 생각하게 된다).

우리는 조사를 하면서 내향형 리더들에게 자신의 표정이나 태도를 오해한 (대부분 외향인인) 사람들이 자신을 어떤 사람으로 보았을지 말해달라고 요청했다. "호구, 지루한, 느려터진, 속물, 열정이 없는, 우유부단한, 불행한, 냉혈한, 감정이 없는"이라는 단어들이 튀어나왔다. 심지어 제법 냉혹한 사례도 있었다. 내게 코칭을 받는 한 여성은 자신이 회의 중에 말없이 듣고만 있었다는 이유로, 팀원들이 그녀가 상사와 모종의 관계가 아닌지 오해를 했다고 말했다. 성별과 관련한 사례가 하나 더 있다. 내향적인 여성들은 남성들이 자신을 "감정도 없는 냉혈한"이라고 판단한다고 말했다. "거만한 사람"으로 여겨진다고 말한 여성도 있다.

과제에 도전하라

지금까지 소개한 여섯 가지 도전 과제의 해결책으로, 이 책에서는 내향성을 좀 더 잘 이해하고 존중하게 만드는 방식을 소개할 것이다. 이 여섯 가지 도전 과제와 관련한 경험들을 동료나 상사와 이야기하면 서로를 더 잘 이해할 수 있는 계기가 될 것이다.

여러분은 이 책에서 설명하는 방식을 실제로 사용할 수 있다. 혹은 아무것도 하지 않기로 결정할 수도 있다. 누구나 자신의 상황에 따라 어떻게 대응할지 선택할 권한이 있으니까. 나는 그저 여러분이 더 효율적으로 일하고, 자신의 진정한 모습으로 대응할 수 있는 선택지들을 제공하고 싶을 뿐이다.

2장

4P 프로세스:
성공의 문을 여는
내향인의 강점 혁명

리더 역할을 잘하고 싶은 내향인이 선택할 수 있는 방법이나 전략은 수없이 많다. 어떻게 하면 압박감에 짓눌리지 않고 리더 역할을 잘 해낼 수 있을까?

　나는 성공한 내향형 리더들을 조사해 '4P 프로세스'라는 개념을 만들었다. 4P는 리더가 처하는 어떤 상황에서도 활용할 수 있다. 물론 1장에서 다루었던 여섯 가지 도전 과제를 해결하는 데도 쓸 수 있다. 4P란 준비하기, 존재감 드러내기, 밀어붙이기, 연습하기를 말한다.

4P 프로세스

준비하기

　첫 번째 단계는 '준비하기'다. 여기서 준비란, 내향인의 '스위트 스폿sweet spot'(배트로 공을 때리기 가장 좋은 타점을 말하는데, 일반적으로 가장 좋은 상황이나 자리를 비유할 때 쓰인다-옮긴이)에서 활동하는 것, 즉 자신의 스타일에 맞춰 일하는 것을 말한다.

이를테면 회의 전에 심사숙고해 질문할 거리들을 정리하거나, 면접을 진행하기 전에 구직자의 이력서를 읽어보거나, 영업에 들어가기 전에 고객을 파악해두는 일 등이다. 준비 단계는 어떤 일이 발생했을 때, 자신이 그 상황을 다룰 수 있다는 자신감을 부여한다.

존재감 드러내기

두 번째 단계는 '존재감 드러내기'다. 당신의 스타일대로 사람들과 어울리는 것을 말한다. 당신은 지난 일에 집착하거나 미래를 걱정하지 않기 때문에 회의에 참여해도 다른 사람들에게는 아무 걱정이나 열의가 없어 보일 수 있다. 경험을 떠올려보면 도움이 될 것이다. 팀원이 질문을 하면 노트북 화면에서 눈을 떼고 상대를 바라본다든지, 내향인 특유의 날카로운 관찰력으로 포착한 사실을 지적한다든지, 프레젠테이션을 할 때 사람들이 듣지 않는 것 같으면 태도를 바꿔볼 수 있을 것이다. 이러한 방법들로 존재감을 드러내라.

밀어붙이기

세 번째 단계는 '밀어붙이기'다. 자신을 안전지대 밖으로 내

몰아라. 밀어붙이기의 예로는, 집에 있고 싶지만 파티에 참석하기, 동료나 낯선 사람에게 먼저 말을 걸기, 상사에게 먼저 다가가 강한 인상을 심어주려고 노력하기 등을 들 수 있다.

연습하기

네 번째 단계는 '연습하기'다. 새로운 행동을 꾸준히 시도하라. 그러면 기회를 잡을 수 있을 것이다. 거장 바이올리니스트 조슈아 벨Joshua Bell, 위대한 올림픽 챔피언 체조선수 사이먼 바일스Simone Biles 같은 사람들은 최고의 자리에 오른 뒤에도 끊임없이 연습했다. 대화가 끊기지 않도록 끼어들고, 회의에 적극적으로 참여하고, 먼저 대화를 시도하는 일 모두 연습을 꾸준히 하면 점차 능숙해질 것이다.

4P 프로세스

연습하기 · 준비하기 · 밀어붙이기 · 존재감 드러내기 · 4P 프로세스

4P 활용하기

목표를 찾고, 계획을 세워라

3장에서 제공하는 '내향인을 위한 리더십 테스트'를 모두 풀어보고, 그 결과를 상사나 자기계발 코치 혹은 멘토에게 이야기하라. 당신에게 효과적인 기술을 비롯해 당신이 가장 하고 싶은 것이 무엇인지 논의하라. 예를 들어, 회의 시간에 사람들이 당신 목소리에 귀 기울이게 만드는 것을 목표로 삼을 수 있다. 목표를 세운 다음 이 책의 6장에서 내가 제안하는 사항들을 읽어보라. 그 조언들과 4P 프로세스를 활용해 다음과 같은 계획을 세울 수 있을 것이다.

- **목표**: 회의에서 내 목소리에 귀 기울이게 하기.
- **준비하기**: 질문할 내용과 이야기할 요점을 준비하라. 회의실에 일찍 도착하라.
- **존재감 드러내기**: 회의 시작 5분 안에 발언하라.
- **밀어붙이기**: 당신 의견의 핵심 요점을 제시하라.
- **연습하기**: 다음 회의에서 앞의 기술들을 시도해보고 결과를 정리하라. 어떻게 했는지, 어떻게 하면 더 잘할 수 있을지를 복기하라.

다른 사람들을 코치하라

4P는 코칭할 때, 즉 다른 사람들을 지도하고 가르칠 때 더 유용할 수 있다. 당신이 코치하는 사람과 함께 4P를 적용할 가능성을 논의하고, 기술을 갈고닦을 계획을 짜라.

현재 맞닥뜨린 도전 과제에 적용하라

기술을 습득했다면, 4P를 현재 직면한 도전 과제에 적용해보자. 해결해야 하는 문제는 언제나 존재할 것이다. 4P는 일의 진행 단계를 추적하는 가늠자로 사용할 수 있다. 4P를 가늠자 삼아 앞으로의 단계들을 계획하라.

4P를 활용하는 데 도움이 되는 질문들

준비하기

• 지난 한 달 동안 준비 단계가 얼마나 도움이 되었는가?
• 리더로서 앞으로 맞닥뜨릴 과제 혹은 인간관계 문제를 위해 현재 어떤 준비를 할 수 있을까?

존재감 드러내기

- 아는 사람 중에 존재감이 강한 사람이 있는가? 그 사람은 어떤 식으로 행동하는가? 그 행동이 당신과 다른 사람들에게 어떤 긍정적인 영향을 주는가?
- 당신이 존재감을 더 많이 드러내기 위해서는 어떤 문제를 해결해야 할까?

밀어붙이기

- 지난주에 당신은 안전지대에서 자신을 몇 번이나 밀어냈는가? 안전지대 밖으로 나가기 위해 어떤 일을 했는가? 그 결과는 어떠한가?
- 이번 주에 몇 번이나 스스로를 밀어붙여야 할까? 불편하지만 필요한 일을 하기 위해서는 어떤 조치가 필요할까?

연습하기

- 어떤 사람이 지닌 기술 혹은 리더십을 연습했는가? 예를 들어 써보자.
- 이번 주에는 자신의 어떤 강점을 연습해 계발할 것인가?

4P 활용 사례

이 책에서 여러분은 4P를 성공적으로 활용해 강력한 리더로 거듭난 내향인의 사례를 많이 접하게 될 것이다. 당신이 당장 4P를 행동에 옮길 수 있도록, 자신의 기술을 의식적으로 계발한 리더들의 사례를 먼저 살펴보자.

- 디지털 미디어 분야에서 일하는 젊은 리더 캐롤린은 프레젠테이션을 하기 전 불안감을 완화하기 위해 '준비' 단계를 이용한다. 이를테면 그녀는 프레젠테이션에서 어떤 표현을 사용할지 생각하고, 전체 원고를 미리 써본다. 사전에 원고를 작성해두면 중간중간 원고를 힐끗 내려다보기만 해도 전체 문장이 머릿속에 떠오른다.

- IT 업계에서 일하는 마틴은 중요한 파티나 행사에 참석하면 미리 좌석 배치도를 본다. 타깃으로 삼을 만한 주요 고객들의 자리를 확인하고, 예비 고객들과 공통의 관심사를 찾아본다. 이렇게 세심하게 준비한 결과, 그는 많은 고객을 안정적으로 확보했다.

- 조스는 최근 입사한 회사의 COO^Chief Operating Officer를 만났다. COO는 그보다 몇 단계 위의 결재권자로 영향력 있는 사람이었기에 조스는 겁이 나는 한편, 그녀에게 긍정적인 인상을 심어주고 싶었다. 회의가 시작되기를 기다리는 동안 대화를 나누면서 조스는 마음이 다소 진정되었다. "그녀는 저를

똑바로 응시하고, '진심으로' 흥미롭다는 표정을 지으면서 지적인 질문을 던졌어요." 그가 말했다. "주변에 많은 임원급 관리자가 있었지만, 그녀는 마치 그 회의실에 저만 있는 것처럼 느끼게 해주었지요. 그녀의 관심은 완벽히 저를 향해 있었어요." COO의 관심은 조스를 북돋아주었고, 그가 맡은 직무에 최선을 다하도록 만들었다.

조용한 강점을 갈고닦으며 앞으로 나아갈 때, 지나치게 스트레스를 받지 않도록 주의하라. 4P를 활용하고, 한 번에 한 단계씩만 시도하라. 4P는 외향적으로 변화하도록 돕거나, 혹은 외향인들과의 게임에서 이기게 해주는 비법이 아니다. 그보다는 당신의 인간관계 기술을 보강함으로써 당신이 바라는 리더가 될 수 있게 해주는 도구다.

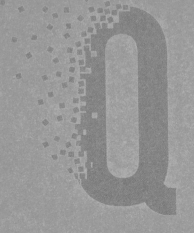

3장

내향인을 위한
리더십 테스트

자신의 리더십을 점검하라

리더를 특별하게 만드는 핵심 강점은 여러 가지가 있다. 내향인을 위한 리더십 테스트는 검증된 내향형 리더십 기술을 당신이 얼마나 효과적으로 사용하고 있는지 알려줄 것이다. 또, 이 책의 아이디어를 활용해나갈 때, 당신이 얼마나 발전했는지 평가하는 지표가 될 것이다.

　다음 문항에 얼마나 동의하는지 표시하라. 주의할 점은 생각을 많이 하지 않고 답하는 것이다. 문항을 처음 읽었을 때 바로 떠오른 답이 가장 유효하다. 자신을 너무 가혹하게 평가하거나, 너무 무르게 평가하는 일도 지양해야 한다. 가능한 객관적으로 답변하라.

내향인을 위한 리더십 테스트

직장에서 자신의 행동을 평가해보고 알맞은 곳에 표시해보자.

4 = 매우 그렇다   3 = 그렇다   2 = 그렇지 않다

1 = 매우 그렇지 않다   0 = 전혀 그렇지 않다

팀원과 프로젝트를 이끄는 리더십					
모두에게 회의를 준비할 시간을 준다.	4	3	2	1	0
정기적으로 팀원들에게 먼저 말을 걸고 대화를 나눈다.	4	3	2	1	0
공손하면서도 단호하게 나 자신을 표현한다.	4	3	2	1	0
팀원들로부터 반대 의견을 이끌어낸다.	4	3	2	1	0
프레젠테이션 전달력					
프레젠테이션에 스토리텔링을 활용한다.	4	3	2	1	0
프레젠테이션을 하기 전과 하는 동안 심호흡을 하고 긴장을 풀어야 한다는 것을 기억한다.	4	3	2	1	0
프레젠테이션을 듣는 사람들과 눈을 마주친다.	4	3	2	1	0
큰 소리로 프레젠테이션 리허설을 한다.	4	3	2	1	0
회의 참여도 및 주도력					
회의에 참석하고 회의를 주도할 때, 그 목적을 분명히 밝힌다.	4	3	2	1	0
회의에서 내향형 팀원들을 더 적극적으로 참여시킬 방법을 찾고 있다.	4	3	2	1	0
화상 회의에서도 존재감을 드러낸다.	4	3	2	1	0
회의를 주도하는 사람들을 다루는 기술이 있다.	4	3	2	1	0

네트워킹 방식					
인간관계에서 다른 사람들에게 무엇을 배워야 하는지와 그들에게 무엇을 제공할 수 있는지 안다.	4	3	2	1	0
사람들이 내 업무에 흥미가 생기도록 말할 수 있다.	4	3	2	1	0
인맥 관리를 도와줄 SNS를 가지고 있다.	4	3	2	1	0
인맥 관리를 위해 사람들의 SNS를 팔로한다.	4	3	2	1	0
커뮤니케이션 및 코칭 방식					
대화를 이끄는 데 도움이 될 질문과 화두를 준비한다.	4	3	2	1	0
회의와 회의 사이에 충분한 휴식 시간을 준다.	4	3	2	1	0
대면 커뮤니케이션을 할지, 메신저나 메일 등으로 메시지를 전달할지 고민한다.	4	3	2	1	0
팀원들과 대화를 나눌 때 외향적인 성향과 내향적인 성향 모두를 염두에 둔다.	4	3	2	1	0
상사 관리 기술					
상사에게 우리 회사에 관해 질문한다.	4	3	2	1	0
상사에게 어떤 지원을 받아야 내 경력 발전에 도움이 되는지 생각한다.	4	3	2	1	0
상사의 피드백에 따라 실행한 뒤 그 결과를 다시 보고한다.	4	3	2	1	0
대화하기 어려운 주제로도 상사와 대화를 나눌 수 있다.	4	3	2	1	0
	총합:				

84~96점	매우 잘함	당신은 내향형 리더의 강점을 아주 효과적으로 활용하고 있다. 현재 혹은 향후 직장에서 벌어질 도전적인 상황에서 이 강점을 어떻게 쓸 수 있을지 살펴보라.
72~83점	잘함	당신은 내향형 리더로서 강점이 있지만, 일부 영역에서는 주의가 필요하다. 리더로 성공적으로 일했을 때와 개선이 필요했던 때를 정확히 되짚어보라. 자신이 도전적인 상황에서 4P를 활용할 기회를 찾아낼 수 있는지 살펴보라 (2장 참고).
60~71점	보통	내향형 리더십을 기르기 위해 해야 할 일들이 있는 단계다. 직장에서 당신이 효율적이지 않다고 인지되는 상황에 주의를 기울이고, 새롭고 색다른 접근 방식 몇 가지를 활용해보라. 4P를 적용할 방법을 생각하라.
59점 이하	개선이 필요함	당신에게는 내향형 리더십을 기를 기회가 많다. 자신의 행동을 파악하는 데서 시작하자. 믿을 만한 동료에게 물어보라. 어떤 부분을 개선해야 할지 파악하고, 이번 주 안에 목표를 구체적으로 정하라. 다음 주에는 다른 기술을 목표로 삼아서 계발하라. 이를 반복하면 좋은 결과가 있을 것이다.

당신의 내향형 리더십 점수는?

자신이 표시한 모든 점수를 더하라. 62쪽의 점수표는 당신이 내향형 리더로서 얼마나 효율적으로 일하고 있는지 알려줄 것이다. 다만, 이것은 과학적으로 입증되었거나 표준이 될 만한 기준은 아니다. 단지 이 책을 더 잘 활용할 수 있도록 하는 출발점이자 가이드일 뿐이라는 점을 염두에 두자.

다음 단계로 나아갈 차례

상사나 팀원들에게 피드백을 요청하고, 당신과 회사에 어떤 기술이 가치 있고 유효할지를 생각하라. 그에 따라 무슨 일을 할지 우선순위를 정해야 한다.

먼저 자신의 강점을 파악하라. 우리는 리더로서 잘 해내지 못한 일들을 생각하느라 너무 많은 시간을 보내면서 종종 제대로 해낸 일들을 잊곤 한다. 잘한 일은 무엇인가? 이러한 자산(경험)을 어떻게 활용할 수 있을까? 이를테면, 프레젠테이션과 스토리텔링을 잘한다면, 이 강점을 다른 직무 상황에서 어떻게 활용할 수 있을까?

이어질 여섯 개의 장은 모두 테스트 문항의 순서에 따라 진행된다. 내향형 리더로서 당신이 직면한 도전을 극복할 수 있게 해주는 수많은 도구를 만날 수 있을 것이다.

책을 읽어나가면서 자신의 마음에 와닿는 전략이나 방법을 기록하고, 한 주 동안 그것을 실천하는 데서 시작해보자. 수첩이나 휴대전화의 메모 어플에 자신이 한 일을 기록하라. 그러면 자신이 얼마나 발전했는지 가늠하는 데 도움이 될 것이다.

4장

내향형 리더가 팀원과
프로젝트를 이끄는 법

Q

어느 한 회사에서 전략적 변화를 꾀하면서 자동차 부품 공장 직원들의 교대 근무와 초과 근무 방식에 영향을 미치리라는 소문이 돌았다. 소문을 들은 직원들이 모인 휴게실에는 긴장된 분위기가 흘렀다. 공장 부사장인 내향인 피터가 휴게실로 들어와 직원들에게로 다가갔다. "어머니 잘 지내셔?" 그가 한 청년 노동자에게 친절하게 말을 건넸다. 청년은 지난해에 병에 걸린 어머니의 상태가 호전되었다고 말했고, 그동안 피터는 온몸으로 주의 깊게 경청하고 있음을 보였다. 피터는 휴게실을 한 바퀴 돌면서 다른 사람들과도 비슷한 대화를 나눴다.

그날 오후 피터는 회사 상황과 관련한 공식 정보를 전달하고 질문을 받았다. 질문에 대답하면서 그는 직원들을 하대하거나, 앞으로 상황이 불확실하다는 점을 숨기거나 하지 않았다. 그는 곰곰이 생각하면서 경청했고, 초과 근무 문제도 직접 설명했다. 그리고 회사로부터 지시가 내려오면 전달하겠다고 약속했다. 그가 대기 중인 차로 돌아갈 때, 나는 직원들에게 피터의 인상에 대해 물어보았다. 사람들은 모두 "멋있어요"라고 한목소리로 대답했다.

피터는 조용하게 영향력을 미쳤다. 그는 일을 마무리하는데 중요한 점이 무엇인지 알고 있었다. 직원들은 공장의 일개 톱니바퀴 하나로 취급받길 원치 않았다. 그보다는 더 중요한 존재로 여겨지길 바랐다. 피터는 직원 한 사람 한 사람이 처한 (사적인 일이든 직장 일이든) 가장 큰 문제에 진심으로 관심을 기울이고 있음을 드러내며 진정성 있는 의사소통을 했다. 그렇게 피터는 직원들에게 신뢰와 유대감을 얻었다.

내향인은 리더가 될 수 있을까?

내향형 리더들은 어떻게 행동하는가? 이 장에서는 조직에서 성공하는 리더가 되는 법을 다룰 것이다. 외향인과 내향인 모두가 하는 질문, 모두가 알고 있지만 입 밖으로 꺼내지 않는 질문에서 시작해보자. "내향인은 과연 리더가 될 수 있을까?"

답은 분명하다. "그렇다!"

물론이다, 될 수 있다!

최고 기업의 리더 위치에 올라간 사람들을 조사한 최근 연구를 보면, 기술·재무·영업 분야가 (CEO 자리를 포함한) 조직 최상층으로 올라가는 통로임을 알 수 있다. 이러한 직군에는 대개 분석적이고 내향적인 사람이 많다는 사실을 수많은 자료에서 확인할 수 있다.

회사 실적을 크게 끌어올리는 데 주도적인 역할을 한 리더들은 '외향적'이라고 말하기에는 무리가 있는 인물들이다. 그들 대부분이 내향인의 특징인 끈기와 집중력, 겸양의 태도 그리고 역할 분담을 하는 자세를 지녔다.

연구자 애덤 그랜트Adam Grant, 프랜시스 지노Francisco Gino, 데이비드 A. 호프만David A. Hofmann은 "외향형 리더는 외향적인 팀원들과 함께할 때 특히 회사 실적을 저해할 수 있다"라고 말한다. 다시 말해, 리더가 너무 활달해서 팀원들의 아이디어를 경청하거나 실행하지 못한다면, 수익성 있는 새 프로젝트를 꽃피우지 못할 수 있다는 말이다. 그에 반해 내향형 리더는 열심히 일하는 팀원들의 아이디어를 경청하고 발전시키는 경향이 있다.

하지만 내향형 리더가 수동적인 팀원들을 이끌게 되면, "회의가 퀘이커교도 집회처럼 침묵이 흐르면서 시작되고, 고민만 길어지면서 대화가 거의 이루어지지 않을 것"이라고 연구자들은 말한다. 즉, 수동적인 사람들이 모인 팀의 경우에는 외향형 리더가 이점이 될 수 있다.[9]

펜실베이니아대학교 와튼스쿨 소속의 애덤 그랜트는 내향인들이 "다른 사람들이 내는 아이디어를 두려워하지 않는 경향이 있다. 그들은 수많은 의견을 듣고 나서 비전을 세운다"라고 말한다. 또한 "내향형 리더들은… 타인의 제안을 주의 깊게 경청하고, 직원들이 적극적으로 일하도록 그들의 노력을 지원하는 경향이 있다"[10]라고도 말했다.

나 역시 내향형 리더들과 일하면서 이러한 사실을 깨달았다. 그들의 인내심, 침착하고 끈기 있는 면모, 사려 깊게 존재감을 드러내는 모습은 팀원들이 아이디어를 자신 있게 내놓을 수 있는 자유롭고 열린 분위기를 조성한다.

도시 관리자들을 대상으로 한 연구에 따르면, 내향인들은 장기근속을 하는 성향을 보인다.[11] 내향형 관리자들은 자기 내면으로 파고드는 경향이 있어서 행동하기 전에 아이디어를 깊이 숙고하며, 그 덕분에 더 오래 자리를 유지했다.

내향인이 기여도를 더 잘 인정받는 경향이 있음을 보여주는 연구도 있다. 그 이유는 사람들의 기대가 낮기 때문이라고 한다. 내향인들은 너무 긴장해서 잠재력을 다 발휘하지 못하리라고 여기는 것이다. 일부 사람들은 내향인들이 조직에 거의 기여하지 못하고 동료들의 사기를 떨어뜨린다고 오해하기도 한다. 그러나 연구자들은 "내향인들은 기대만큼 팀에 기여하지 못하고, 기여한 바 또한 시간이 지나도 제대로 평가받지 못한다"라는 일반적인 믿음이 사실이 아님을 발견했다.[12]

무엇이 성공하는 리더를 만드는가

사람들은 무엇이 성공하는 리더를 만드는지에 관심이 많다. 『EQ 감성지능』의 저자 대니얼 골먼Daniel Goleman은 좋은 상사란 "경청과 격려, 소통을 잘하고, 용기 있는 사람"이라고 정의하며, 이렇게 설명했다. "그들은 유머 감각이 뛰어나며, 공감을 드러내고, 결단력이 있으며, 책임감이 강하고, 겸손하고, 권력을 나눈다."[13]

이와 반대로, 나쁜 상사는 꽉 막힌 벽 같다고 그는 말한다. 이들은 의심이 많고, 많은 것을 비밀에 부치며, 옥박지르기를 잘한다. 성질을 이기지 못하고, 자기중심적이며, 우유부단하고 거만하다. 게다가 남 탓을 잘하고, 불신을 드러낸다. 어떤 특징들은 외향인보다는 내향인에게서 더 흔하게 나타나기도 하고, 그 반대의 경우도 마찬가지다.

이를테면 내향인은 경청하는 특징을 더 많이 보이고, 외향인은 친근함을 더 잘 드러낸다. 하지만 일반적으로 어떤 특성이든 모두 섞여 있고, 조금 더 잘 부합하는 특성이 있을 뿐이다. 내향인이 더 나은 상사 혹은 더 나쁜 상사가 되는 경향이 있다고 단정 지을 수는 없다. 내향인 역시 외향인만큼 유머 감각을 지닐 수 있다. 죽으면 묘비에 어떤 글을 새기고 싶으냐는 질문을 받은 워런 버핏은 옅게 미소를 머금고는 1초도 망설이지 않고 이렇게 대답했다. "맙소사, 그도 늙었군!"[14] 그도 내향인이다.

4P를 활용해 내향형 리더의 강점을 어떻게 키워나갈지 살펴보자. 이 장의 끝에 있는 도표(106쪽)는 리더십 근육을 늘리기 위해 연습해야 할 단계를 짧게 정리한 것이다. 자주 참고하라.

준비하기

관리자 역할에 발을 들이는 것은 흥미로운 동시에 다소 두려운 일이기도 하다. 자신의 성과를 인정받는다는 점은 좋지만, 리더의 영역이라는 모호한 땅에 발을 내딛는 모험을 하려면 자신이 잘하는 일을 포기해야 한다. 관리자로서 과업을 잘 해낼 수 있을지 스스로 시험해보고 싶기도 할 것이다. 스튜어트 스토크스Stewart Stokes는 이렇게 말한다.

> 관리자 역할을 맡는 것은 '가장 힘겨운 전환'이라 할 만하다. 이를 받아들인다는 것은 우선 당신이 잘 알고 좋아하는 일, 즉 직업 만족도와 자부심을 주는 일의 일부를 포기해야 한다는 뜻이다. 둘째로, 당신이 잘 모르거나 좋아할지 알 수 없는 일, (적어도 처음에는) 직업 만족도와 자부심을 많이 깎아 먹을 수 있는 일을 받아들여야 한다는 의미이기도 하다. 셋째로는, 확실하고 구체적이며 어느 정도 '정답'이 있는 일과는 거리가 멀어진다는 뜻이다.[15]

훈련, 코칭, 멘토링 프로그램을 통해 당신은 리더 혹은 관리자로서 다른 사람을 성공적으로 관리하고 지도할 가능성을 높일 수 있다. 끊임없이 변하는 리더의 역할에 대비하는 방법을 단계별로 알려주겠다. 당신이 성장을 멈추지 않는다면, 리더로서의 여정에 많은 순간 큰 도움이 될 것이다. 리더가 되고자 하는가? 다음 네 단계를 고려하라.

- 자기 자신부터 파악하라.
- 팀을 만들어라.
- 팀원들을 이해하라.
- 환경을 조성하라.

자기 자신부터 파악하라

① 자기 성찰의 이점

다른 사람을 관리하는 자리에 있으려면, 먼저 자기 자신부터 관리해야 한다. 자신을 안다는 말은 자신이 어떤 자산과 부채를 가졌는지를 이해한다는 의미다. 자신의 상태를 제대로 인식하면 리더로서 자신의 강점을 살리고 약점을 보완할 수 있다. 60명 이상의 인사 분야 고위 관리자를 대상으로 한 연구에 따르면, 자기 인식은 많은 부분에서 이점을 가져다준다.[16] 자기 인식이 있으면 더 객관적으로 생각할 수 있고, 필요하다면 한 걸음 떨어져 자신을 바라볼 수 있으며, 다른 사람들에게 적절한 관심을 기울일 수도 있다. 자신의 한계를 알면 타인에게 도움을 요청하기도 쉬워진다. 또, 자기 인식은 자신이 조직에 어떤 가치를 가져다줄 수 있는지 파악하고, 자신이 바라는 기회나 도전적인 직무를 조직에 요청할 수 있는 자신감도 준다. 사색의 시간을 즐기는 내향인은 그 시간을 활용해 자신의 강점과 약점을 더 잘 이해할 수 있다.

내향형 리더인 자포스Zappos의 CEO 토니 셰이Tony Hsieh는 자기 인식이 자신의 개인적 성장을 이끌었다고 말한다. 동료들에 대해 논하면서 그는 "자기 인식을 못 하면 발전할 수 없습니다. 결국 기존의 자기 모습을 넘어서기 힘들죠"라고 말했다.[17]

내향형이라도 자기 인식이 뛰어나고, 자신이 어떤 사람인지 드러내는 리더는 직원들과 아주 친밀하게 지낼 수 있다. 이 책의 추천사를 써준 캠벨 수프의 전 CEO 더글러스 R. 코넌트Douglas R. Conant는 이렇게 말한다. "내 스타일을 불편하게 느끼는 사람들에게 그것을 극복하도록 돕는 가장 좋은 방법은 내가 어떤 사람인지 먼저 알려주는 겁니다. 저는 직원들에게 이렇게 말합니다. '제가 냉담하게 보인다면 내성적이어서 그렇다는 걸 이해해주세요. 그리고 먼저 말을 걸어주세요.' 이런 식으로 내가 어떤 사람인지 이야기하면 사람들은 내 스타일에 빨리 그리고 열심히 적응하려고 하지요.

이런 태도는 사람들이 내게 자신이 어떤 사람인지 편하게 털어놓을 수 있도록 해주기도 합니다. 개인적인 관계를 맺게 되면 뜻밖의 좋은 결과로 이어지기도 하지요. 새로 온 직원에게 제가 먼저 어떤 사람인지 말했더니, 그는 자신이 최근 이혼했으며 아들을 둘 키우고 있어서 근무 시간을 좀 융통성 있게 운용했으면 좋겠다고 털어놓았어요. 저는 충분히 이해했고, 그가 직장과 가정 양쪽에서 해야 할 일을 제대로 할 수 있도록 근무 시간을 조율해주겠다고 말했습니다. 그 후 몇 년간 그는 회사 일을 더욱 열심히 했습니다. 우리가 일찍이 서로가 어떤 사람인지 이야기를 나눈 덕분이었지요."[18]

② 맹점 파악하기

자기 인식은 자신의 맹점, 혹은 사각지대를 확인하는 데도 도움이 된다. 리더십 세미나가 끝나갈 무렵, 재무 분야의 고위 관리자인 레이철이 손을 들고 질문했다. "전 내향인이고, 회의를 하고 싶지 않아서 애쓰는 편입니다. 전 팀원 대부분이 내향인인 부서를 이끌고 있는데, 다들 회의를 하지 않고 이메일로 일을 처리하길 선호합니다. 전 그게 언젠가는 문제가 될까 봐 걱정이에요. 문제가 생겼을 때도 회의를 하려고 들지 않을까 봐요!"

세미나에 참석한 다른 내향형 리더들이 알 것 같다는 미소를 지었다. 그들은 레이철에게 팀원들과 얼굴을 맞대는 시간을 '일정표'에 넣어두라고 조언했다. 일대일 대면을 통해 각자 직무를 더 잘 해낼 수 있도록 서로 도움을 주는 관계를 구축하라고 말이다. 만나서 각자의 역할과 업무상 어려움을 분명히 말해두면, 더 나은 결과를 얻게 될 거라고 말했다. 레이철은 회의가 싫지만, 그것이 잠재적 사각지대가 될 수 있음을 깨달았고, 팀의 이득을 위해 기꺼이 변하기로 했다.

최근 친구가 된 C. J. 도겔로C. J. Dorgeloh는 경험이 풍부한 프로젝트 매니저다. 내향인인 그녀는 자신이 나서야 하는 상황에서 리더로 존재감을 드러내기 위해 자신을 몰아세워왔다.

"전 무대 뒤에 있는 편이 훨씬 편안합니다. 프로젝트 리더로서 전 입을 다물고, 모든 이야기를 듣기만 할 때가 있습니다. 제가 왜 그렇게 하는지 설명하지 못한다면 리더로서 효율성을 의심받을 수 있죠. 팀원들은 제가 혼란에 빠져 있거나 방향을 잡지 못하는 상태라고 여길 수도 있겠죠. 따라서 저는 팀원들이 자연스럽게 돌아가면서 이야기를 할 수 있도록 더 자주, 의식적으로 입을 열어야 합니다."

도겔로는 팀원의 입장이 되어 생각함으로써 자신의 맹점을 극복했고, 필요에 따라 자신의 스타일을 바꿀 수 있게 되었다. 그녀는 인지 격차를 고려해 자기 본연의 스타일을 유지한 채 이미지를 관리하고 있다.

팀을 만들어라

리더로 성공하는 데 고려해야 할 주요한 변수는 적절한 팀원을 뽑는 일이다. 다음 두 가지 질문에 답변해보자.

- 편견을 갖지 않고 팀에 필요한 사람을 뽑는가?
- 면접 준비를 어떻게 하면 그 직무에 가장 적합한 사람을 뽑을 수 있을까?

① 채용 단계에서 편견을 방지하기

팀원을 고를 때 내향적인 사람들을 간과하고 있지는 않은지 점검하라. 이런 일은 신규로 인력을 뽑을 때가 아닌 내부에서 인력을 데려올 때 더 자주 일어난다. 내향인들은 자기 홍보에 능하지 않기 때문이다. 승진 및 고용에 관계된 업무를 하는 인사과 관리자 샐리는 내향인으로서 이러한 편견을 잘 알고 있으며, 종종 목소리가 작고 눈에 띄지 않는 후보자들이 탈락하곤 한다는 사실도 안다. 그녀는 자질이 충분하지만 목소리를 내지 못하는 사람들을 잘 살펴보라고 강조한다. "저 역시 내향인이기에 특히나 이러한 상황에 예민합니다. 전 인사 문제를 논의할 때 내향인들의 대변인이 되곤 하지요."

② 관리직 채용 시 아이디어

내향인인데 면접관을 맡았다면 준비 단계 기술을 활용하자. 특정 직무에 가장 적합한 인재를 찾겠다는 면접의 목표를 달성할 수 있을 것이다. "보다 창의적이고 효율적으로 일하는 팀원"을 뽑기 위해서는 "번드르르한 이력서, 미리 걸러진 추천서 그리고 준비된 답변을 넘어서야" 한다.[19]

여기 채용과 관련한 조언 다섯 가지가 있다. 이 조언들은 당신이 면접을 제대로 준비하게 도와줄 뿐만 아니라, 내향형 면접자를 만났을 때 그의 진정한 자질을 파악할 수 있게 해줄 것이다.

• 면접실 세팅하기

너무 환한 조명과 소음이 있는 장소는 피하라. 당신과 지원자 사이에 책상을 두는 것은 친밀감을 형성하는 데 방해가 된다. 그렇다고 너무 가깝게 앉으면 개인 공간을 중시하는 내향인은 부담스러워할 수 있다. 대각선 방향으로 앉아보라. 그러면 적절한 수준의 친밀감이 형성될 것이다. 집단 면접이라면, 지원자를 테이블 맨 앞이 아닌 가운데에 앉혀라. 그러면 지원자는 면접관들이 뜯어보는 시선을 덜 느끼고, 모든 사람과 눈을 맞출 수 있게 될 것이다.

• 자신의 편향 확인하기

내향인인 당신은 느린 속도로 진행되며, 막간의 휴식 시간이 제공되는 면접 방식이 편하게 느껴질 것이다. 면접 지원자 또한 내향적인 성격으로 자제하는 듯한 태도를 보이면 더 마음이 갈지도 모른다. 하지만 확증 편향에 빠져서는 안 된다. 자신의 사례를 뒷받침하는 대답만 선호하고, 다른 중요한 대답들은 폄하하고 있지 않은지 점검하라. 자신과 스타일이 비슷한 사람만 편안하게 여기고 있지는 않은가? 지원자가 해당 직무에 필요한 기술과 성향을 지녔는지 확인하라. 모든 사람에게 열린 태도로 다양한 지원자를 고려해야 한다.

• 적절한 시간 정하기

면접 스케줄이 너무 빡빡할 때는 지원자가 빨리 대답을 하지 않으면 스트레스를 받고 인내심을 잃을 수 있다. 내향형 지원자들은 질문에 대답하기 전에 잠시 뜸을 들이거나 대화 사이의 공백을 애써 메우려고 하지 않을 것이다. 면접 전후의 시간에는 기록을 하고, 지원자의 인상을 되새겨보고, 질문을 적어두어라.

• 준비한 말들을 활용하기

면접 진행 전략을 준비하라. 특히나 외향적인 지원자와의 면접에서는 예기치 못한 질문이나 답변에 당황하지 않아야 한다. "좋습니다, 몇 가지 질문을 더 할게요"라든가, "지금 말씀하신 걸 요약하자면……" 같은 말로 서두를 열면서 면접을 이어나갈 수 있다.

• 표현을 바꿔 말하기

당신이 들은 말을 다시 말해주면 지원자는 자신이 한 말을 수정하거나 부연 설명할 기회를 얻을 수 있다. 내향인이든 외향인이든 자기 생각을 좀 더 완전하고 분명하게 정리할 기회가 생긴다면 감사해할 것이다.

팀원들을 이해하라

자, 이제 새로운 팀을 스스로 꾸렸든, 기존 팀에 팀장으로 합류했든, 당신이 리더로서 먼저 할 일은 일을 해나가는 방식과 필요한 기술 세팅, 팀원들의 선호도를 조정하는 일이다. 만일 당신이 팀 안에서 승진한 경우라면 이러한 사항들을 이미 어느 정도 알고 있을 것이다.

① 모두에게 준비할 시간을 제공하기

프로젝트 관리자인 척은 내향인들과 일하기 위해 자신이 어떤 준비를 하는지 알려주었다. 그는 적절한 환경이 조성되면 "내향인과 외향인 사이에 성과 차이는 없다"라고 말했다. 다만, 그는 내향인과 일할 때 자신의 스타일을 약간 바꾼다. "짧지만 명확하게 문제를 설명하거나 해야 할 일을 요청하는" 시간을 가지는 것이다. 관리자들에게 프레젠테이션을 하고, 문제 해결을 하는 데 들일 수 있는 일정을 전달하고 나면 그는 자리를 뜬다. 그러면 내향형 관리자의 경우, 당장 답변을 해야 한다는 부담감 없이 과제를 곰곰이 생각하고, 정보를 처리할 시간을 가질 수 있다. 그는 이 방식을 외향인 관리자들에게도 적용하기 시작했다. "처음으로 떠오른 생각"을 곧장 전달받지 않기 위해서다.

내향형 리더인 지아는 외향인들의 신속한 대응이 늘 최상의 결과를 내지는 않는다고 말한다. 그녀는 잠시 멈춤에는 커다란 힘이 있으며, 그것이 아이디어를 좀 더 가다듬을 수 있게 해준다는 사실을 알아냈다. 지아는 이 사실을 적용해 회의를 할 때 팀원들의 에너지가 떨어져간다고 느끼면 '생각 휴식^{think break}' 시간을 가진다. 내향형인 그녀는 분위기 변화에 민감해서 언제

휴식이 필요한지를 잘 읽어낸다. 내향인들은 생각 휴식 시간을 이용해 외부 자극을 처리할 수 있다. 모두가 맑은 정신으로 상쾌하게 재충전해 회의로 다시 돌아오는 것이다.

② 팀원 개개인의 스타일을 이해하기

당신은 내향인의 강점인 준비성을 활용해 사람들에게 다가가는 방식을 세심하게 고려할 수 있다. 이를테면 당신의 팀에서 대형 프로젝트를 따내고 싶다고 하자. 팀원 사나는 사실과 세부 사항에 초점을 맞춘다. 또 다른 팀원 아지즈는 큰 그림을 보고, 점들을 연결하고자 한다. 이러한 차이를 알면 각 팀원에게 가장 의미 있는 방식으로 아이디어나 프로젝트를 논의할 수 있다. 사나에게는 프로젝트의 세부 사항들을 설명하고, 아지즈에게는 큰 그림을 보여주는 것이다.

여러 분야의 사람이 모인 팀이든, 온전한 당신만의 팀이든, 팀원들이 내향적인 기질이 강한지 외향적인 기질이 강한지 아는 것은 중요하다. 내향인은 속도가 느리고, 준비할 시간과 조용히 숙고할 시간, 프라이버시를 중요시한다. 외향인은 잠깐의 수다와 함께 프로젝트에 관한 이야기를 할 기회가 필요하다. 외향인이 빛을 발할 수 있도록 사람들과 직접 얼굴을 맞대고 소통할 기회를 찾아보라. 앞서 레이철이 했듯이, 가끔 대면 회의나 화상 회의를 진행해서 외향인이 기운 빠지지 않게 해줘야 한다. "어머니는 좀 어떠세요?" 같은 말로 회의와 관련 없는 가벼운 대화를 나누는 것도 좋다. "요즘 무엇 때문에 바빠요?"

"이번 주말에 뭐 하면서 쉬었어요?" "이번 주에는 성과가 좀 있었어요?" "요즘 좋은 일 있어요?" 같은 친밀감을 쌓는 질문을 하라. 이런 질문들은 훗날 적절한 때에 팀원들과 친밀한 관계를 맺을 기회를 가져다줄 것이다.

환경을 조성하라

사무 공간을 둘러보라. 시끄럽고 부산스러운가? 아니면 조용하고 여유로운가? 당신이 재충전을 하고 창의력을 발휘하기에 어떤 쪽이 더 잘 맞는가? 방해하지 않고 다른 사람들과 관계를 맺을 기회가 있는가? 내향인이 소란스러운 일반적인 사무 공간에서 더 예민해진다는 증거가 점점 더 많이 나오고 있다. 내향인 친화적인 사무 환경이 모두에게 최선을 이끌어낼 수 있다는 점을 고려해야 한다.

다음 네 가지 아이디어가 영감을 줄 수 있을 것이다.

① 다목적 공간 제공하기

대화 장소, 개인 장소, 공용 공간이 결합된 다목적 공간을 제공하라. 작은 소리로 대화를 나눌 수 있는 공용 테이블을 두면 좋다. 화상 회의나 기타 회의를 진행할 수 있는 회의실도 있어야 한다. 홀마크^{Hallmark}에서는 사무실에 긴 테이블을 하나 두고 회의나 협업뿐만 아니라 대화를 나누고 싶다는 신호를 보내는 용도로 사용한다. 이 회사에서는 자기 자리에 앉아 있는 사람

과는 대화할 수 없다. 하지만 이 긴 테이블에 앉아 있다면 누구나 대화할 수 있다.[20]

② 자연스러운 어울림

자신의 안전지대에 머무르려 하고, 다른 사람들과 어울릴 필요성을 잘 느끼지 못하는 내향인에게 중앙의 휴식 공간은 자연스럽게 대화를 나누는 장소가 될 수 있다. 스티브 잡스Steve Jobs는 픽사에서 일하던 무렵 화장실을 중앙에 두 곳 만들어서 직원들이 오다가다 어울릴 수 있도록 했다. 직원들은 평소라면 대화를 나눌 일이 없는 다른 동료와 화장실에서 손을 씻으면서 자연스럽게 대화를 나누었고, 그러한 대화에서 창조적인 아이디어가 번뜩 떠오른 경험들을 "화장실 에피소드"라 불렀다.[21] 물리적인 공간에 관심을 가지면 내향인이 자연스럽게 외향인과 어울리는 시간을 만들어낼 수 있다.

③ 감각적 환경

감각적 환경을 조성하는 데도 주의를 기울일 가치가 있다. 사색하고 고민할 수 있는 차분한 공간을 만들 수 있는가? 사무 공간의 조도와 소음도를 고려하라. 조도가 높고 소음이 많은 공간은 내향인의 집중력을 흐트러트린다. 회의 공간이나 강당 등도 마찬가지다.

④ 원격 근무 방식

원격 근무는 직원들의 통근 시간을 줄이고, 사람들에게서 떨어져 휴식을 취할 수 있게 해준다. 내향적인 사람들은 특히나 재택 근무나 회사 바깥의 근무 공간을 좋아한다. 회사의 업무 흐름을 고려해 시간제로 할지, 전일제로 할지를 선택하는 것도 방법이다. 원격 근무를 일관되게 적용하는 것이 현실적으로 어렵다면, 내향인이 프로젝트에 깊이 파고들며 숙고해야 할 때 필요에 따라 일시적으로 시행할 수도 있다.

존재감 드러내기

팀 혹은 프로젝트에서 존재감을 드러내는 것은 리더가 되는 데 필수 요소다. 내향인이 지닌 조용한 강점을 계발해 존재감을 드러낼 수 있는 핵심 전략 몇 가지를 소개한다.

- 회사 안을 걸어 다녀라.
- 글로 써라.
- 경청하라.
- 먼저 다가가 대화하라.
- 표정에 신경을 써라.
- 때에 따라 스타일을 유연하게 바꿔라.

회사 안을 걸어 다녀라

MBWA, 즉 걸어 다니기 기법^{Management By Walking Around}은 1980년대 인기를 끈 경영관리 전략 중 하나였다. 관리자들이 자기 집무실 밖으로 나와서 사람들과 어울려야 한다는 개념이다. 오늘날의 직장 환경에는 다양한 방해 요소가 수없이 얽혀 있어서 눈에 띄는 데 시간을 들이는 일이 벅차게 느껴질 수도 있다. 하지만 일정표 위에 또 일정을 덧쓰는 바쁜 상황이라 하더라도, 함께 일하는 사람들과 대화를 나누는 일은 중요하다. 신뢰 구축과 명확한 커뮤니케이션이라는 크나큰 보상을 안겨주기 때문이다.

인사관리 팀장 밥 퀸^{Bob Quinn}은 존중과 소속감의 힘을 믿는다. 그는 매일 걸어 다니면서 직원들과 대화를 나누는 연습을 한다. 인수합병을 감독할 때, 밥은 그 일에 영향을 받게 될 직원들을 하나하나 만나서 걱정거리를 들어주었다. 또, 최고 관리자들에게 호소해 처음부터 통합 팀을 꾸렸다.

"합병 날 즈음에는 직원들은 각자 무슨 일을 맡게 될지 정확히 알고 있었습니다"라고 밥은 말했다. 그는 각 사무실에서 먹을 수 있도록 브런치를 준비하고, 타사에서 건너온 직원들에게 와인 한 병씩을 선물했으며, 그들이 사내 문화를 이해할 수 있도록 기존 직원을 팀메이트로 한 사람씩 붙여주었다. "제가 받은 가장 인상적인 편지는 '합병 후 퇴사'를 선택한 사람들의 것이었습니다." 적대적이었던 중간 관리자 한 사람이 회사를 떠

나면서 그에게 "당신은 그렇게 나쁘지 않았어요"라고 말했을 때, 그는 모든 일이 다 잘되리라는 것을 알았다고 한다.

글로 써라

내 전 상사인 존은 팀원들과의 대화를 통해 준비 단계와 존재감 드러내기 단계를 결합했다. 먼저 그는 인덱스 카드를 마련해 맨 위에 팀원들 각각의 이름을 적어 넣었다. 일주일 동안 그는 팀원들 자리를 들르면서 안건을 나누며 피드백과 질문, 아이디어를 그 카드에 기록했다. 우리는 존에게 너무 강박적인 것 아니냐고 농담했지만, 사실은 그가 인덱스 카드에 뭐라고 써넣었을지 엄청나게 궁금했다! 그는 생산적인 대화를 할 준비가 되어 있었고, 존재감을 드러냄으로써 우리에게 대화할 준비가 되었음을 알려주었다. 그리고 존이 우리 한 사람 한 사람이 하는 일을 중요하게 여기고 있음도 알게 되었다.

내향형 리더인 한 프로그램 매니저는 자신이 칭찬한 사람들의 이름과 빈도를 기록할 것을 추천한다. 기록으로 남긴 것은 곧 실천한 것이 되므로, 그에 따라 당신의 긍정적인 피드백도 늘어날 수 있다. 대면 회의가 부담스럽다면 회의 안건을 적어두어라. 그러면 좀 더 준비된 느낌을 받을 수 있고, 팀원들에게 존재감을 드러낼 수 있다.

경청하라

누군가에게 진심으로 함께한다고 느끼게 하는 능력은 효율적인 리더십의 징표 중 하나다. 내향적인 사람들은 일대일 관계를 맺는 데 빛을 발한다. 누군가가 당신의 삶이나 일에 관한 걱정거리를 진심으로, 진지하게 물어봐준 적이 있는가? 그 사람이 당신의 이야기를 들을 때, 꼭 그 방 안에 유일하게 당신만 있는 것처럼 느껴졌는가? 누군가가 자신의 말에 진정으로 귀 기울여주는 경험은 극히 드물다. 경청 역시 존재감을 드러내는 강력한 방식이 될 수 있다.

사업 개발부 리더인 스콧은 경청의 힘을 이용한 덕분에 사람들이 자신을 "주저 없이" 열린 태도로 대한다고 말한다. 그는 내성적이고 조용한 성향 덕분에 정보를 쉽게 모으고, 핵심을 찌르는 질문을 하고, 답변을 분석하고, 적당한 시기에 방향을 분명히 정할 수 있다.

먼저 다가가 대화하라

모두가 자기 스마트폰에 코를 박고 있는 오늘날, 자연스러운 대화는 점점 줄어들고 있다. 하지만 인간관계를 맺음으로써 우리는 많은 것을 배울 수 있고, 상상도 못 했던 이득을 얻을 수 있다. 언젠가 한번은 비행기를 탔는데, 옆자리에 앉은 신사가 알고 보니 내 고향 조지아주 애틀랜타에 있는 한 극장의 발권 부서 관리자였다. 우리는 그 극장에서 상연한 작품 이야기를 하며 수다를 떨었고, 그는 자신이 티켓 판매 관리를 하고 있다고 말해주었다. 몇 달 후 나는 좋아하는 발레단의 공연을 보게 되었는데, 감사하게도 나의 새 친구인 그 신사가 내게 가장 좋은 중간 자리 티켓을 선물해준 것이다! 비행기에서 우연히 이루어진 대화가 뜻밖의 결과를 낳을 수 있다. 여러분 역시 무언가를 배울 수 있을 것이다.

예를 하나 더 들어보자. 언젠가 미국 도서관협회에서 강연을 했는데, 베스라는 여인이 내게 이메일을 보냈다. 그녀는 자신이 내향인이라고 말했다. 내 강연을 통해 사람들과 대화를 나누고 그에 집중할 때 얼마나 많은 것을 배울 수 있는지 잘 알게 되었다고 전하며, 그녀는 다음과 같이 썼다.

(학술회의 참석차) 라스베이거스에 간 적이 있습니다. 라스베이거스는 내향인들이 무척 감당하기 힘든 도시지요. 그날 밤 저는 택시를 잡아탔습니다. 피곤한 나머지 바글대는 사람들에게서 얼른 벗어나 호텔로 가고 싶은 마음뿐이었죠…. 택시 운전사가 제게 말을 건네기 시작했는데, 저는 보통 그런 대화를 피합니다. 그런데 그 순간 저는 경청하는 연습을 해야겠다는 생각이 들어서 그의 말에 귀를 기울였어요. 그 결과 저와 택시운전사는 네바다주의 교육 시스템에 관한 아주 멋진 대화를 나누게 되었지요.

베스는 외향형인 택시 운전사의 이야기를 경청하면서 많은 것을 배우고 굉장히 멋진 시간을 보냈다고 말했다.

표정에 신경을 써라

① 표정으로 나타내기

남아프리카 공화국의 위대한 리더 넬슨 만델라의 얼굴을 떠올려보라. 그는 어떤 상황에서든 일관되게 크고 환한 미소를 지었다. 그의 미소는 남아프리카 공화국의 백인들에게는 씁쓸한 뒤끝이 남아 있지 않음을 보여주는 동시에 흑인 유권자들에게는 희망과 승리의 상징이었다. 만델라는 미소를 통해 메시지를 전한 것이다.[22]

사실 사람들은 말을 듣는 것보다 표정을 더 많이 읽는다. 그럼에도 메시지를 전달하는 데 표정이 차지하는 비중을 알아채는 사람은 적다.

내가 존경하는 여인 라셰카는 늘 밝고, 통찰력이 있으며, 맡은 일에 항상 최선을 다한다. 그런데 언젠가 그녀와 함께 회의에 착석했는데, 그 회의에서 나는 표정으로 사람을 죽일 수 있다면 그녀가 살인을 저지르고 있다고 생각했다. 그녀는 회의 내내 시종일관 무표정한 얼굴이었다. 나는 라셰카가 회의 참석자들에게 일부러 불쾌감을 유발하기 위해 그런 게 아니라고 확신한다. 부당한 판단일 수 있지만 어쨌든 나는 그녀가 다가가기 힘든 사람이라고 생각했다. 그녀가 이따금 고개를 끄덕이거나 살짝 미소를 지었다면 어땠을까? 다가가기 쉬운 사람으로 보였을 것이고, 1장에서 논의했던 '인지 격차'가 발생하지 않았을 것이다.

어떤 상황에서 어떤 행동을 해야 할지 아는 것은 중요한 리더십 기술 중 하나다. 많은 내향인이 이 부분에 뛰어나다. 라셰카는 아마도 회의실 안에서 자신의 표정이 어떤 영향을 미치는지 신경 쓰지 않았을 것이다. 하지만 팀원들과 대화할 때는 어떤 식으로든 팀원들이 유대감을 느낄 수 있도록 의식적으로 감정을 드러내는 편이 좋다.

내향인은 외향인보다 걱정을 더 많이 드러내는 경향을 보인다는 연구가 있다.[23] 또 다른 몇몇 연구에 따르면, 걱정을 드러내는 사람은 대화 상대방에게 거리감을 느끼게 하고, 고분고분하며 무관심한 사람으로 인식된다고 한다.

신체 언어와 같은 비언어 신호는 다른 사람들이 당신을 평가하는 근거가 된다. 자기 신체를 접촉하는 일, 무뚝뚝한 표정, 딱딱한 몸짓이 그 지표가 될 수 있다.[24] 이는 일상 대화에서도 알게 모르게 단점이 될 수 있고, 심지어 상대의 오해를 살 수도 있다. "그렇기 때문에 내향적인 사람은 대화 상대방의 신체 언어를 읽고, 오해가 있는지 빨리 깨닫고, 적절하게 반응을 수정해야 한다"라고 표정 언어 전문가인 독일 작가 더크 W. 아일레르트Dirk W. Eilert는 말한다.[25]

② 표정 읽기

당신이 보여주고 싶은 이미지를 표정으로 드러내는 것뿐 아니라, 다른 사람의 표정을 읽고 미묘한 심리를 알아채는 데 능숙해지면 더욱 좋다. 내향형 리더들은 종종 음성 회의보다 화상 회의가 더 낫다고 말한다. 이유가 무엇일까? 얼굴 표정을 읽을 수 있기 때문이다. 표정은 다른 사람들이 어떻게 생각하는지를 알 수 있는 단서다. 내향인은 목소리만으로 상대의 생각을 파악하기가 쉽지 않다.

더크 아일레르트는 안면 근육이 뇌의 감정 중추에 직접 연결된다고 말한다. 얼굴 신호, 다시 말해 미세한 표정은 감정을 드러낸다. 무의식적으로 짓는 표정에는 그 사람의 감정과 (숨기고 싶은 혹은 미처 인식하지 못하는) 거부감이 나타난다. 아일레르트는 미세한 표정을 읽는 방법은 배울 수 있다고 말하며, 그 방법을 사람들에게 가르치고 있다.

다양한 문화적 배경을 지닌 사람들과 함께 일하는 리더에게는 표정 읽기가 특히 더 유용할 수 있다. 누군가가 미소를 짓는데 그리 행복해 보이지 않는다면, 관찰을 통해 실제로 어떤 상황인지 더 잘 이해할 수 있다. 혹은 시간이 좀 흐른 뒤 "혼란스러워 보이네요. 제가 잘못 본 걸까요?"라고 말을 걸어볼 수도 있다.

때에 따라 스타일을 유연하게 바꿔라

① 관찰하고 결정하기

얼굴 표정에 주의를 기울이는 데서 더 나아가, 내향인 특유의 관찰력을 발휘해 계획을 변경해야 하는 순간을 포착할 수도 있다. 느긋한 성격의 소프트웨어 엔지니어 브루스는 싱가포르에서 개최되는 대형 무역 박람회에서 상사인 데릭이 이 기술을 발휘하는 모습을 보았다. 브루스의 일은 자사 부스에 들른 사람들과 대화를 나누고 데릭에게 인계해 판매를 성사시키는 것이었다. 방문객들과 브루스의 대화는 점점 늘어졌고, 브루스가 준비한 질문이 다 떨어지자 방문객들은 다른 부스로 이동했다.

데릭은 즉시 현명한 결단을 내렸다. 그는 브루스와 역할을 바꿔서 직접 방문객들을 응대한 뒤, 기술적인 질문에 답해야 할 때 브루스에게 인계했다. 데릭의 융통성으로, 두 사람은 위기 상황을 극복한 것이다. 데릭과 브루스의 협업으로 예비 고객을 모을 수 있었고, 큰 고객도 몇 팀 확보할 수 있었다. 이처럼 상황 변화에 따라 적재적소에 인력을 배치하는 것은 매우 중요하다.

② 사람들이 원하는 보상은 무엇인가?

모두가 칭찬을 받고 싶어하지만, 모두가 똑같은 방식으로 칭찬을 받고 싶어하진 않는다. 사람마다 좋아하는 방식이 다를 것이다. 따라서 상대가 무엇을 선호하는지를 알면 도움이 된다. 그렇다면 개인의 선호를 어떻게 알아낼 수 있을까?

간단하다. 물어보면 된다.

사람들과 함께할 때 에너지가 생기는 외향인은 사람들 앞에 나서서 말하길 좋아할 수 있다. 반대로 내향인은 사람들과 한 자리에 있을 때 조용하게 발언하며, 눈에 덜 띄는 방식을 선호 할 수 있다. 나와 함께 연구했던 한 내향형 연구원은 대중의 인 정을 그다지 좋아하지 않았고, 상사나 자기 팀 중간 관리자들 에게 대신 메일을 보내달라고 내게 부탁하기도 했다.

밀어붙이기

리더로서 자신의 강점을 강화하기 위해서는 한 번에 하나씩 변 화를 이루어가는 게 좋다. 3장의 테스트를 통해 내린 평가를 검토하고, 지금 당장 당신이 가장 크게 보상을 얻을 수 있는 영 역이 어디인지 판단하라. 당신이 처리해야 할 과제 중 가장 중 요한 것을 달성하기 위해 어떤 기술이 필요할까? 팀원과 프로 젝트를 이끄는 역량을 강화하려면, 당신의 자연스러운 행동 성 향과 전략적 도구 몇 가지를 연계하는 것이 좋다. 불편하지만 당신을 성장시키는 영역으로 밀어붙일 리더십 전략 세 가지를 소개한다.

• 단호하라.

- 위임하라, 위임하라, 위임하라.
- 열린 태도를 지녀라.

단호하라

메리 바라는 GM의 CEO다. 엔지니어였던 젊은 시절, 조립 라인의 한 직원이 그녀가 지나갈 때 휘파람을 불었다. 그녀는 "대체 뭘 하는 거죠?"라고 물었다. 그러자 직원은 그녀의 관심을 끌려고 그랬다고 대답했다. 그녀는 앞으로는 "안녕하세요"라고 인사해달라고 요구했다.[26] 간단하지만 단호한 이 말은 결과적으로 그가 정중한 인사를 하게 만들었고, 공장 내 다른 남성 직원들의 욕설도 줄어들었다고 그녀는 말한다. 내향성 때문에 자기주장을 못 하는 일은 없어야 한다.

① 내향성과 자기주장: 완벽한 조합

자기주장은 종종 공격성과 혼동되곤 한다. 하지만 자기주장은 상호 간의 존중을 기반으로 하는 정확하고 정직하며 열린 의사소통이다. 반면 상대를 존중하지 않고 사람들을 입 다물게 만드는 말은 공격적인 행동일 뿐이다. 수전 케인이 『콰이어트』에서 썼듯이, 내향인은 "목소리를 내기 위해 소리를 높일" 필요가 없다.

나는 직장에서 내향인과 외향인에 관한 연구를 했다. 그 연구에서 목표를 정하고 인내를 발휘하는 끈기 있는 내향인의 성향이 다른 사람들과 달리 그들이 성공할 수 있었던 비결임을 알게 되었다. 목소리가 큰 외향인 영업 팀원 오드리는 무대를 누비며 활기차게 활동하는 스타일이다. 반면, 같은 팀인 내향인 브라이언은 사무실 뒤에 서서 조용히 예비 고객들을 체크하고, 그들의 질문에 차분히 답변하는 스타일이다. 브라이언은 몇 달, 심지어 때에 따라서는 몇 년씩 목표 고객을 뒤따르며 적극적으로 행동했다. 그는 마무리까지 끈기 있게 잘 대처해 대부분의 거래를 성사시켰다.

진정한 자기주장이 무엇인지를 보여주는 좀 더 잘 알려진 사례로는, 42세의 재봉사이자 시민운동가인 로자 파크스^{Rosa} ^{Parks}가 있다. 그녀는 앨라배마주 몽고메리에서 흑백 인종 분리법에 대항해 버스의 백인 전용 좌석에 앉았다. 그녀의 조용한 용기는 버스 좌석의 흑백 인종 분리에 대항하는 운동으로 퍼져 나갔고, 마침내 미국 전역에서 버스 내 흑백 인종 분리법이 폐지되는 성과를 이뤘다.[27]

인기 듀오 홀앤드오츠^{Hall & Oates}의 내향적인 멤버 대릴 홀^{Daryl} ^{Hall}은 자신의 저음 보컬에 대해 언급하며, "지평선이 없다면 해가 지는 모습을 볼 수 없지요"라는 말로 자신의 브랜드와 자기 역할의 중요성을 알렸다.[28]

② 수동 공격형의 덫을 인지하기

내향적인 사람은 자신의 감정을 잘 표현하지 않는다. 그래서 이따금 분노나 좌절감이 직접 표출되지 않고 다른 방향으로

튀기도 한다. 이런 행동 유형을 '수동 공격형'이라고 부른다.

수동 공격 행동이라 볼 수 있는 예를 몇 가지 살펴보자. 상사의 요청에 입을 다물거나 눈알을 굴리면서 미적거리는 경우, 혹은 임금 인상을 요구할 때 자신이 원하는 사항을 구체적으로 밝히지 않으면서 업무가 과중하다는 둥 이메일로 불만 사항만 길게 적어 보내는 경우도 수동 공격 행동에 해당한다. 자신의 공을 가로챈 사람의 요청에 일부러 느리게 대응하는 경우도 마찬가지다.

수동 공격 행동은 당신에게 일시적인 안정감을 줄 수는 있으나 목표를 달성하게 해주지는 않는다. 전달하려는 의미와 원하는 바를 적극적으로 분명하게 말한다면 필요한 것을 얻을 수 있는 더 좋은 기회가 올 것이다.

③ 공손하고 단호하게 선을 긋기

적극적으로 행동한다는 것은 선을 긋는 일이기도 하다. 어떻게 선을 그을 수 있는지 예를 몇 가지 들어보겠다.

- 상사가 이번 주에만 벌써 세 번이나 야근을 시키려고 한다. 그럴 때 이렇게 말할 수 있다. "아니요, 집에 일이 있어서 야근을 할 수 없습니다."
- 임금 인상을 요구할 자격이 있다고 생각함에도 불구하고 이전 분기에 임금 인상을 거절당했다면, 그 요구를 계속 이어나가라.

• 프로젝트의 공을 누군가가 가로채면, 당신이 낸 성과를 팀원들에게 분명하게 설명하라.

자신에 관해 이야기할 기회는 수없이 많다. GM의 바라 같은 내향인은 밀어붙이기 연습을 통해 자신에 대해 말하는 법을 갈고닦았다. 선을 언제 긋는 게 중요한지 이해하고, 공손하고도 단호하게 자신을 표현하는 방법을 찾아라.

④ 다른 사람이 자기주장을 하도록 돕기

적극적이고 단호한 태도는 리더로서 직원들을 돕는 또 다른 방법이 될 수 있다. 빌 앤드 멀린다 게이츠 재단Bill and Melinda Gates Foundation의 멀린다 게이츠Melinda Gates는 "회의실에서 여성이 말한 내용을 남성이 다시 말하거나 혹은 그 여성에 관한 이야기를 할 때"[29] 여성 동료들을 돕고자 목소리를 높인다. 그리고 자신 역시 여성 동료를 무시하는 듯한 태도를 보이지 않도록 경계한다.

여러분도 자기주장을 어려워하는 내향형 팀원을 도울 수 있다. 에미상 수상자이자 전문 강연가인 빌 스테인턴Bill Stainton은 한 기업의 이사회 의장을 맡고 있다. 그는 같은 이사회 임원이었던 내향인 루시가 어떤 배경이 있으며 어떤 능력을 갖췄는지 알아채지 못했던 일을 털어놓았다. 루시의 이사회 임기가 끝난 뒤에야 빌은 그녀가 어떤 분야의 전문 지식을 보유하고 있는지 알게 되었다. 그 지식은 조직의 성장에 도움이 되는 것이었다.

루시의 임기 종료는 커다란 기회를 놓친 일이라는 걸 깨달았다. 이런 경험을 한 후 빌은 함께 일하는 사람의 강점을 더 많이 알아내는 것이 매우 중요한 일임을 알게 되었다. 특히 스스로 자기 홍보를 하지 않는 내향인에게서는 더더욱 말이다.

위임하라

위임은 리더에게 가장 필요하면서도 습득하기 힘든 기술 중 하나다. 자기가 맡은 업무의 전략적인 부분을 모두 움켜쥔 채 리더로서 팀원들을 이끌고, 계획을 짜고, 코칭을 하는 일을 전부 해낼 수는 없다. 위임이란 인재를 적재적소에 활용하는 것이다. 그러기 위해서는 팀원들의 능력을 파악하고, 그들을 가르치고 코칭해야 한다.

일을 처음 시작할 때는 당신이 이끌다가 어느 정도 팀원들이 업무에 숙달되었을 때는 뒤로 물러나라. 이렇게 한다면 당신은 부담을 더는 동시에, 팀원들은 도전의 기회를 얻어 각자 성장해나갈 수 있을 것이다. 내향형 리더는 특히나 일대일 코칭을 잘하는 편이다. 일대일 코칭은 효율적으로 업무를 위임하는 데 필요하다. 이 일에는 (특히나 위임 초기에는) 에너지가 무척 많이 들지만 결국에는 큰 보상이 따른다.

한 내향형 리더는 이렇게 말했다.

수많은 업무를 내가 모두, 계속 처리해야 한다는 유혹을 늘 느낍니다. 효과적으로 업무를 분장하는 것이 어렵고 에너지가 많이 든다고 생각하기 때문이지요. 하지만 이것은 잘못된 계산입니다. 위임하지 않는다면 다음에도, 그다음에도, 그 이후로도 계속 그 일은 제가 해야 하니까요. 위임하지 못하면 일을 할 때마다 내 에너지를 쏟아부어야 합니다. 따라서 전 다른 사람에게 공을 넘겼을 때 앞으로 내 에너지가 얼마나 절약될지를 계산합니다.

위임에 대한 저항감은 겉으로 드러나지 않는다. 누구나 각자 주도권을 넘기지 않으려고 하는 이유가 있다. 그 이유는 무엇인가? 좀 더 생산적으로 사고함으로써 이 저항감을 이겨낼 수 있는가? 위임은 리더에게는 중요한 도구다. 위임함으로써 얻기 시작하는 이득이 보이면 다시는 과거의 방식으로 돌아가지 않을 것이다. 우리가 위임하지 못하게 만드는 장애물을 극복할 방법 몇 가지를 소개하겠다. 다음 표를 참고하라.

위임을 가로막는 요인	
위임할 수 없는 이유	반박
다른 사람을 가르치는 데 내 시간을 낭비하고 싶지 않아.	위임은 커다란 잠재 이득이 있는 투자야. 가르치는 데 드는 시간은 팀원들과의 신뢰를 쌓을 수 있는 소중한 시간이야. 결과적으로는 중요한 문제에만 집중할 내 시간을 확보할 수 있기 때문에 투자할 가치가 있어.

다른 사람은 내가 하라는 대로 하지 않을 거야.	다른 사람이 더 잘할 수도 있고, 다른 방식으로 잘 해낼 수도 있어. 결과가 중요해.
결과의 책임은 여전히 내가 져야 해.	긍정적인 성과는 팀원들과 공유할 수 있지.
나는 내향적이어서 사람들과 대화를 나누는 게 힘들어. 위임하려면 대화를 많이 나눠야 한다고.	위임을 위한 과정을 단계별로 나누고 사이사이 휴식기를 두면 돼. 단계별로 충분히 시간을 두고 진행해보자
그 밖에 자신만의 이유를 직접 써보자. :	반박 의견도 함께 작성해보자. :

열린 태도를 취하라

팀원들의 의견이 일치하지 않을 때, 직원들이 반발할 때, 상사가 아이디어에 의문을 제기할 때 많은 사람이 불편감을 느낀다. 갈등을 부정적으로 보기 때문이다. 하지만 갈등은 자연스러운 현상이다. 반드시 필요하고, 정상적인 현상이기도 하다. 문제에 대한 창조적인 해결책은 서로 다른 아이디어들이 만들어내는 긴장감 없이는 거의 생겨나지 않는다. 비행기를 발명한 라이트 형제는 협력 과정에서 팽팽한 긴장감과 대립이 필요하다는 점을 알았다.

갈등은 내향인과 외향인 사이에서 특히나 어려운 상황이 될수 있다. 갈등이 일어났을 때 외향인은 그 일을 두고 대화를 나누려는 성향이 강하고, 반대로 내향인은 감정을 내면화하려는 성향이 있다. 내향인은 불화가 일어나면 생각과 감정을 갈무리할 시간이 필요하다. 외향인은 대화와 논쟁을 통해 더 나은 결과를 이끌어낸다. 이처럼 서로 다른 스타일이 충돌했을 때 실용적으로 해결할 수 있는 방안들이 있다.

내향인과 외향인이 함께한 인터뷰에서 나는 독창적인 아이디어 하나를 도출했는데, 바로 '산책하며 대화하기'다. 사무실 밖으로 나가 산책을 하면서 대화하는 것이다. 외향인은 생각을 크게 말하고, 자신의 아이디어를 떠들어야 한다. 그러므로 걷기는 이들에게 아이디어를 명징하게 정리하는 데 도움을 줄 것이다. 내향인은 얼굴을 맞대고 격렬하게 대화하거나 열띠게 토론하는 것보다는 사람을 옆에 두고 자신에게 편안한 속도로 느리게 걸으면서 대화하면 긍정적인 시너지를 일으킬 수 있다. 장점이 하나 더 있다면? 운동도 된다는 점이다!

① 위대한 리더는 갈등을 어떻게 받아들이는가

위대한 리더는 자기 생각이나 우려를 터놓고 이야기함으로써 팀원들의 신뢰를 얻고, 팀원들에게 자신감을 심어준다. 미국의 대통령이었던 내향인 에이브러햄 링컨은 남북전쟁 당시 전쟁터를 순회하며 연합군 주둔지를 방문했으며, 백악관에 시민이 방문해 정부에 요청 사항을 전달할 수 있는 시간을 따로 만들었다.[30]

제록스Xerox사의 전 CEO 앤 멀캐이Anne Mulcahy 역시 문 닫힌 사무실 너머에서 일하면 좋은 리더가 될 수 없음을 알았다. 그녀는 종종 임원과 직원 그리고 가장 중요한 고객 들과 대화하기 위해 현장으로 나갔다. 2006년 한 강연에서 그녀는 "로마가 불타고 있다 해도, 시민들은 앞으로 어떻게 될지를 알고 싶어한다"[31]라고 말했다. 오늘날 그녀는 성공적인 사업적 전환을 이끈 공로를 인정받고 있다.

서로 다른 의견에 귀 기울이는 것은 생산적인 행동의 지렛대가 될 수 있다. 밥 샤크Bob Schack는 사업개발 부서의 부서장이며 내향인이다. 그는 사내에 존재하는 "개성 넘치는 사람들과 수많은 의견"을 인지하고, 갈등을 회피하지 않는다. 그는 종종 토론과 추진력을 이끌어내기 위해 허술한 기획안으로 큰 불길을 일으킨다. 수많은 논쟁이 오간 뒤에는 합의에 도달하고, 실행 계획이 세워진다.

내향형 리더는 팀 내의 내향인, 외향인 양측 모두가 참여하는 생산적인 대화가 이뤄지도록 의견을 조율한다. 이런 작업은 서로 다른 문화와 민족적 배경을 지닌 사람들을 관리하거나, 전 세계를 상대로 사업을 할 때 특히나 중요하다.

네덜란드 출신의 한 내향형 관리자는 미국 팀원들은 직접적인 피드백에 민감한 반면, 네덜란드 팀원들은 건설적인 의견을 계속 제시해주기를 기대했다고 말한다. 그녀는 효율적으로 일하기 위해 각 팀원들에게 서로 다른 방식을 적용해야만 했다. 이처럼 문화적 차이를 고려하는 일 역시 당신의 리더십을 향상시켜줄 것이다.

② 반대 의견을 이끌어내는 방법

밥 샤크의 예처럼, 이따금 리더는 서로 다른 관점을 가진 사람들 사이의 대화에서 결실을 거두기 위해 의도적으로 의견 대립을 이끌어내야 한다. "좀 더 자세히 말해볼래요?"라는 질문은 사람들에게 생각을 구체화하도록 촉진하고, 자신의 관점을 바탕으로 대답할 기회를 준다. 진 그리스먼^{Gene Griessman} 박사는 『성과 요인^{Achievement Factor}』에서 자신이 동의할 수 없는 의견에는 이렇게 답하면서 차분하게 대응한다고 말한다. "아주 흥미로운 아이디어군요. 그 전략의 강점과 약점을 말해줄 수 있나요?" 그러고 나서 이렇게 묻는다. "내가 다른 의견을 제시해도 될까요?" 내향형 리더로서 우리 역시 이렇게 침착한 태도와 합리적인 질문으로 대화 분위기를 만들어나갈 수 있다.

연습

외향인은 흔히 별다른 노력을 하지 않고도 대화를 잘하고, 프레젠테이션을 유창하게 한다고 여겨진다. 내향인 역시 마찬가지일 수 있다. 내향형이란 말은 사회성이나 감정 표현력과는 관계가 없다. 단지 에너지를 어디에서 재충전하길 선호하는지에 따른 성향일 뿐이다.

똑똑한 리더란 자신의 타고난 강점을 바탕으로 팀을 이끄는 사람이며, 그럴 때 가장 신뢰할 만하다. 자신을 밀어붙이는 기술을 연습하고, 자신에게서 자연스럽게 나타나는 강점을 계발하라. 이는 마법의 조합이다. 그 강점이 내향인의 경우에는 좀더 조용하고, 신중하며, 덜 분명하게 나타날 수 있다. 하지만 앞서 언급했듯이, 회의실에서 목소리가 가장 큰 사람이 가장 나은 결과를 얻는 건 아니다.

로니 윌킨스Ronnie Wilkins는 의료인협회의 상임이사로, 의료인협회의 과학적 과제를 지원하는 비영리조직을 만들고자 했다. 필요성은 분명했으나, 새로운 조직을 만들기 위해서는 이사회를 설득해야 한다는 점을 로니는 잘 알았다. 그는 신중하게 사업 개요서를 작성했다. 이사회 임원들이 그의 제안을 진지하게 받아들인다면, 그들과 대화하고 질문에 답변하는 데 사업개요서가 큰 도움이 될 것이었다.

로니는 사려 깊은 분석과 글쓰기, 이해관계자들과 일대일로 접촉하는 법을 연습해왔다. 그는 사무실 밖으로 나가서 사람들과 이 문제를 논의하도록 자신을 밀어부쳤다. 그것이 목표를 달성하는 데 필요하다는 사실을 알았기 때문이다. 석 달 만에 새로운 회사가 설립되고 운영되기 시작했다. 새 회사는 새로운 경력을 제공함으로써 직원들의 근속을 이끌었고, 기대 이상의 성과도 거두었다. 로니는 조용히 그 모든 일을 해냈다.

지원 시스템을 구축하라

타고난 재능을 이용해 연습하되, 안전지대 밖으로 나가도록 스스로를 밀어붙여라. 그것이 내향인인 당신의 리더십 근육을 강화할 것이다. 당신 주변에 지원 시스템을 구축하라. 혼자 성공할 수 있는 사람은 없다. 코치, 멘토 혹은 경험 많은 팀원이 당신에게 피드백을 주고, 당신의 리더십을 계발하는 데 촉진제가 되어줄 것이다. 당신이 혼자 있는 시간에 가치를 두는 사람이라면, 비공식 자문과 일대일로 만나거나 혹은 서면으로 소통할 수도 있다.

성공하기 위해 필요한 교육을 요청하길 두려워하지 마라. 이것은 좋은 연습 전략이다. 강좌나 온라인 세미나에 등록하면 리더십 기술들을 연습하고, 다른 참가자들의 다양한 관점을 접할 수 있어 도움이 될 것이다.

자신에게 주변에 영감을 줄 숨은 재능이 있다는 걸 깨달을 수도 있다. 혹은 팀원이나 프로젝트를 이끄는 일이 무척이나 에너지가 많이 드는 일이며, 그에 따른 보상이 감수할 만한 가치가 없다는 사실을 깨달을 수도 있다. 하지만 내향적인 성향 때문에 리더로서 다음 단계로 올라가는 일을 회피한다는 건 말도 안 되는 일이다.

5장

내향형 리더만의
강력한 프레젠테이션

이사회와 주주들에게 연례 보고를 해야 하는 순간이 왔다. 재무 팀장 수전은 연단에 올라서기 전부터 덜덜 떨며 땀을 흘렸고, 구역질이 나기 시작했다. 손은 땀으로 축축해지고, 호흡은 가빠졌다. 그녀는 파워포인트 슬라이드를 넘겼고, 20분이 지나 발표가 끝이 났다. 보고서는 무척이나 훌륭했지만, 전달력이 부족했다. 프레젠테이션을 마치고 몇 시간이 흘러서야 그녀는 안정을 되찾았다.

4년 후, 새로운 청중이 수전의 프레젠테이션을 기다리고 있었다. 시청각 팀이 연단의 마이크를 조정한 뒤, 수전은 무대 뒤에서 앞으로 걸음을 옮겼고, 열을 지어 선 청중을 향해 미소를 지었다. 긴장해 덜덜 떨던 4년 전의 모습은 사라지고 없었다. 무슨 일이 일어난 걸까?

수전은 강연 코칭을 받았다. 코치는 그녀가 프레젠테이션을 더 잘할 수 있도록 도왔고, 배운 것을 연습해볼 기회들도 만들어주었다. 그녀는 경력을 망칠 뻔한 약점을 훌륭하게 강점으로 바꾸었고, 자신감도 올라갔다.

내향형으로 알려진 금융가 워런 버핏은 대중 연설을 "우리에게 가장 커다란 자산 혹은 최악의 부채"[32]라고 표현했다. 수전이 처음 프레젠테이션에서 겪었던 긴장감을 여러분도 겪은적이 있는가? 여러분은 편한 마음으로 자신감 있게 프레젠테이션을 할 수 있는가?

다른 리더십 기술들과 마찬가지로, 프레젠테이션 기술 역시외향성과는 관계가 없다. 가수 비욘세, IT 업계의 거물 빌 게이츠, 배우 메릴 스트립, 페이스북 창립자 마크 저커버그 등 많은내향인이 존재감과 프레젠테이션 기술을 필요로 하는, 즉 주목받아야 하는 직업에서 성공을 거뒀다. 모두 대중 연설 기술을습득한 사람들이다.

"시끄러운 세상에서 조용히 세상을 움직이는 힘"이라는 부제가 붙은 『콰이어트』의 저자 수전 케인은 굉장히 내향적이다. 1,700만 명이 시청한 TED 강연에서 그녀는 "위험하게 살았던 해"라고 표현한 그 시기에 스스로 두려움을 다스리는 방법을 찾았다고 말했다. 『뉴욕타임스』 기고문에서는 자신의 두려움에 관해 공개적으로 이야기하고, 자신이 그 두려움들을 극복했다고 썼다. "나는 우리가 누구나(외향인을 포함해) 때로 자신의타고난 기질을 넘어서야 한다고 믿는다. 조용함의 가치에 대해썼던 『콰이어트』에서 말했듯이, 나는 조용한 목소리를 낼 것이다. 기꺼이."[33]

내향형 리더는 조직 내 구성원들을 교육하고, 그들에게 정보를 제공하고, 도전해야 한다. 그러기 위해서는 영향력 있고 자신감 있게 말할 수 있어야 한다. 사람들이 당신이 하는 말을 듣도록 만들어야 한다. 나는 수전 케인과 같은 내향형 리더와 많이 일해왔는데, 그들은 스스로 안전지대를 벗어나 메시지를 효과적으로 전달하는 방법을 배우고자 했다. 자신감 있고 능수능란하게 연설할 수 있도록 4P 프로세스가 당신의 전략이 되어줄 것이다.

준비

기업 코칭을 하던 초기에 나는 중요한 프레젠테이션을 준비하는 데 며칠씩 걸렸다. 모든 자료를 살펴보고, 예상 질문을 모조리 점검했다. 프레젠테이션 날에는 전문가로 보일 준비를 충분히 해둔 상태로 강연장에 들어갔다. 그럼에도 나는 엄청나게 긴장했다.

우리 회사의 프레젠테이션 코치 라시드는 내가 불안해하는 모습을 보았다. 그는 다가와서 내가 잊고 있던 것을 부드럽게 일깨워주었다. "제니퍼, 당신은 이 자료를 낱낱이 살펴보았지만, 그렇다고 당신이 모든 걸 다 알 수는 없어요. 지금은 그냥 프레젠테이션 경험을 즐기고, 마음을 편히 가져요."

나는 라시드에게 미소를 보이며 그렇게 하기로 다짐했다. 내 허를 찌르는 질문이나 이야기가 나오면 나는 강연장 안의 사람들에게 의견을 물었다. 그렇게 하고 나서 나는 답변하지 못한 질문을 한 사람에게로 되돌아갔다. 나 자신을 믿고, 내가 모든 사항을 알 수는 없다는 사실을 깨달음으로써 나는 조력자로서의 내 역할을 키워나갔다. 성공한 내향형 리더들 역시 이러한 근본적인 진실을 잘 알고 있다. 그들은 자료를 준비하고, 자신 역시 준비시킨다. 마음 편히 프레젠테이션을 할 수 있으려면 준비를 잘해야 한다. 프레젠테이션 준비의 요소 두 가지를 알아보자.

- 자료를 준비하라.
- 당신 자신을 준비시켜라.

자료를 준비하라

자료를 준비할 때 다음 사항을 염두에 둬야 한다.

- 대본 작성하기.
- 서사를 만들기.
- 파워포인트 자료는 보조 도구로 쓰기.

① 대본 작성하기

멋진 영화에는 잘 쓴 각본이 있듯이, 프레젠테이션의 기초 역시 대본이다. 시간을 투자해 프레젠테이션 대본을 작성하고, 거기에서부터 살을 붙여나가라. 내향인이 지닌 프레젠테이션에서의 강점은 바로 준비성이다. 프레젠테이션의 목적이 무엇인지 시간을 들여 생각하라. 당신의 목적이 정보를 전달하는 것인지, 설득하는 것인지, 교육하는 것인지, 아니면 동기를 부여하는 것인지 등을 분명히 하라. 목적이 확실해지면 당신의 프레젠테이션은 논리적으로 흘러가고, 사례와 예시로 활기를 띨 것이다.

청중이 간직할 만한 '빅 아이디어^{big idea}'를 찾아내라. 내향형 리더에 대해 강연할 때, 내가 가진 빅 아이디어는 '내향인은 리더'라는 점이다. 강연의 모든 핵심과 이야기, 청중들에게 주는 과제 등을 그 주제에 맞춰 작성한다.

일정 역시 프레젠테이션의 주요 요소다. 스피칭 코치 엘레니 켈라코스^{Eleni Kelakos}는 프레젠테이션을 하는 날, 즉 디데이에서부터 역으로 거슬러 올라가보라고 제안한다. 당신의 프레젠테이션 리허설 날짜를 지표로 삼아 일정을 짜고, 슬라이드를 준비하고, 대본을 쓰고, 자료를 취합하라는 것이다. 이 규칙은 당일에 강력한 프레젠테이션을 하는 데 도움이 될 것이다.[34]

② 서사를 만들기

인간은 이야기에 매료된다. 따라서 이야기에 메시지를 담는 것은 강력한 전달 방식이다. 내향형 리더는 팀원들을 교육하고, 영감을 주는 데 서사를 이용한다. 가장 좋은 이야기는 개인의 경험이다.

내향형 스피칭 코치 빌 스테인턴^{Bill Stainton}은 "잘못된 게 뭐지?"라고 스스로에게 질문해보라고 제안한다. 이 질문에서 튀어나온 기억들을 이야기의 형태로 만드는 것이다. 프레젠테이션을 들을 청중이 호기심을 느끼고 깊숙이 빠져들 '갈등 상황'을 찾아보자. 빌은 이야기를 구성할 때 3단계 방법을 사용한다. 주인공을 나무 위로 올려보내라(발단). 주인공에게 돌을 던져라(전개). 그를 나무에서 내려오게 하라(결말).[35]

빌은 TED 강연에서 이 같은 이야기의 틀을 이용해 아쉽게 놓친 기회에 관한 이야기를 만들었다. 언젠가 비행기를 탔는데 옆자리에 대화 상대로 재미없어 보이는 러시아 여성이 앉았다. 말없이 다섯 시간을 비행한 후 착륙하기 직전에 그는 옆자리 여성이 러시아의 위대한 작곡가 이고르 스트라빈스키[Igor Stravinsky] 밑에서 사사했다는 사실을 알게 되었다. 재미있게도 빌은 비행 내내 헤드폰으로 스트라빈스키의 〈불새〉를 듣고 있었다! 그는 그녀가 자신과 다른 타입이라고 판단했기에 그녀와 말을 섞게 될 일을 피했는데 말이다.

빌은 자신의 우상인 스트라빈스키에 대해 더 잘 알게 될 일생일대의 기회를 놓쳤다는 일화를 인상적으로 풀어냈다.[36] 우리는 자기 고치 안에 틀어박혀 나오지 않음으로써 자신의 창조성을 펼칠 기회를 스스로 박탈한다. 그는 비행기에서 일어난 일이라는 일화를 통해 이러한 교훈을 강렬하게 전달했다.

• 6단계 방법

당신과 청중 사이에 관계를 구축하는 데 도움이 될 이야기를 찾는 또 다른 방법이 있다. 바로 6단계 방법이다.

- 상황 설명: 배경이 무엇인가?
- 과제 나열하기: 문제 혹은 기회는 무엇인가?
- 행동: 무슨 일이 일어났는가?
- 결과: 어떤 유형의 결과가 발생했는가?
- 교훈: 이야기의 핵심 교훈은 무엇인가?
- 활용: 당신은 어떻게 할 수 있을까?

어니스트 컴퍼니$^{Honest\ Company}$의 CEO이자 배우인 제시카 알바$^{Jessica\ Alba}$에 관한 이야기로 예를 들어보자.[37]

- **상황 설명**

제시카 알바가 첫 아이를 가지기 전에, 그녀의 엄마에게서 아이에게 안전하다고 광고하는 세제를 받았다. 하지만 제시카가 사용해보니 두드러기가 올라왔다. 조사한 끝에 그녀는 어떤 아동용품에는 화학물질이 함유되어 있어서 알레르기 반응을 유발한다는 사실을 알게 되었다.

- **과제 나열하기**

알바는 안전하고 효능이 좋은 제품을 만들고 싶어졌다. 또, 예쁜 디자인에 합리적인 가격으로 부모가 구입하기 쉬워야 했다.

- **행동**

알바는 최고의 컨설턴트들을 고용해 벤처 캐피털 회사로부터 자금을 조달받았다. 몇 차례 거절당한 끝에 그녀는 안전한 상품을 개발했다. 2011년 그녀는 미 의회에서 의원들에게 화학제품 안전법안을 지지해주기를 요청했다.

- **결과**

알바의 연구는 보상을 받았다. 그녀가 회사를 차린 첫해인 2012년에 1,000만 달러에 달하는 판매 수익을 올렸다. 현재 알바의 회사에서는 온라인과 오프라인에서 135종 이상의 제품을 판매하고 있으며, 판매 수입은 수십억 달러에 달한다.

- **교훈**

자신이 가치 있다고 여기는 행동을 하는 것은 다른 사람들과의 차별점을 만들고, 비즈니스를 성공으로 이끈다.

- **활용**

당신은 무엇을 믿는가? 그리고 그것에 전념할 수 있는가?

조그마한 노트를 가지고 다니거나, 매일같이 휴대폰에 관찰한 내용을 적어라. 그 기록에서 세상 밖으로 나오길 바라는 이야기를 찾을 수 있을 것이다. 그 이야기들을 프레젠테이션에 이용해보고, 가다듬어라. 자신의 프레젠테이션이 생생하게 전달되는지 점검하라.

③ 파워포인트 자료는 보조 도구로 쓰기

파워포인트는 멋진 도구다. 하지만 우리는 슬라이드가 보여주는 서사보다 슬라이드 그 자체를 멋지게 만드는 데 집착하기 쉽다. 한 내향형 마케팅 매니저는 이렇게 말했다. "청중은 자신을 불편하게 만드는 문제를 당신이 해결해줄 거라고 기대하고 강연장에 오는 겁니다. 당신의 파워포인트 쇼를 보러 오는 게 아니고요." 기술적인 부분이 부족하다 해도 자신이 가진 자료를 잘 파악하고 있다면 멋진 슬라이드 없이도 프레젠테이션할 수 있다.

톰 닉슨의 실용적인 책 『형편없는 프레젠테이션을 수정하라 Fix Your Lousy PowerPoint』에는 강력한 파워포인트 자료를 만드는 조언들이 담겨 있다.[38] 나는 수없이 프레젠테이션을 해본 경험을 바탕으로 톰의 아이디어에 좀 더 살을 붙여보았다.

- 슬라이드는 간결하게. 사람들을 5초 안에 시각적으로 현혹하라. 화면에 비치는 단어 수는 최소한으로 줄여라.
- 슬라이드가 아니라 프레젠테이션에 집중하라. 프레젠테이션의 핵심은 말로 전달되어야 하며, 슬라이드는 당신의 전문성을 보강하는 자료일 뿐이다.
- 삽화나 그래프로 내용을 정리하고, 큰 숫자를 강조하라.
- 동영상 클립을 넣어라. 인터넷 링크를 걸지 말고, 파워포인

트 안에서 동영상이 재생되게 하라.

- 고품질 이미지는 돈을 지불해서라도 사용하라.

자신을 준비시켜라

연단에 올라서기 전에 준비할 사항들을 알아보자.

- 부정적인 생각을 긍정적으로 바꾸기.
- 숨을 크게 들이쉬었다 내쉬기.
- 성공을 이미지화하기.
- 자기만의 의식을 만들기.

① 부정적인 생각을 긍정적으로 바꾸기

무대 공포증은 종종 머릿속에서 맴도는 부정적인 메시지와 연결된다. 다음과 같은 생각을 해본 적이 있을 것이다.

- 내가 뭐라고 여기 있는 사람들 앞에서 강연하겠어. 난 자격이 부족해.
- 자료를 더 봤어야 하는데….
- 내 주장에 설득력이 없으면 어쩌지?

말할 내용을 머릿속에서 차분하게 정리하며 준비하는 것도 필요하지만, 사람들 앞에서 말하는 일 자체에 대한 불안을 완화하는 것도 매우 중요하다. 머릿속을 긍정적인 메시지로 전환해야 한다. 이를테면, 이렇게 생각할 수 있다.

- 나는 사람들이 듣고 싶어하는 가치 있는 발표를 할 거야.
- 나는 준비가 되었고, 최선을 다할 거야.
- 완벽한 사람은 없어.

내향적인 의뢰인들은 내게 이런 메시지들이 자기 생각을 전환하고, 무대에 대한 두려움을 완화해주었다고 말했다.

② 숨을 크게 들이쉬었다 내쉬기

의식적으로 호흡에 집중하면 불안이 가신다. 천천히, 깊게 숨을 들이마시고 내쉬는 데 온 신경을 모아보자. 호흡은 집중력을 올리는 좋은 방법이다. 호흡은 우리를 신체에 몰입하게 하고, 정신을 깨어나게 하며, 지금 이 순간에 집중하게 한다. 머릿속에서 우글대는 생각들을 진정시킬 수 있다. 말하기 전에 잠시 깊고 차분하게 숨을 들이마시고 내쉬어라. 그러면 진정이 되고, 편안해질 것이다.

지금 바로 해보자. 숨을 천천히 들이마시고, 내쉬어라. 다시 한번 더. 기분이 어떤가? 몸이 얼마나 이완되는지 느껴보라. 팔과 다리를 꼬고 앉아 있진 않은가? 허리를 펴고 똑바로 앉아 있는가? 목소리가 좀 더 분명해지고 자신감이 생겼을 것이다.

걷기나 다른 운동 역시 호흡과 마찬가지로 혈액과 에너지

순환을 돕는다. 프레젠테이션하는 당신을 좀 더 기민하고 활기차게 만들어줄 것이다.

③ 성공을 이미지화하기

많은 운동선수, 특히 챔피언들은 시합을 준비하는 동안 이미지화를 한다. 머릿속으로 시합 상황을 그려보는 것이다. 그 결과 그들의 뇌는 시합에 오를 무렵이 되면 그려왔던 상황이 이미 일어났다고 믿게 되고, 최고의 기량을 펼칠 준비를 마친다. 많은 연구에 따르면, 우리의 정신이 상상과 물리적 현실을 잘 구분하지 못한다고 한다. 물리적인 행동을 머릿속에서 이미지화하면, 실제 그 일을 행할 때 뇌에는 상상했던 것과 똑같이 행하도록 신경 회로에 불이 붙는다.

다음에 프레젠테이션을 하게 된다면, 이미지화를 직접 실천해보자. 이어폰으로 차분한 음악을 들어라. 그러고 나서 자신이 회의실 안에서 프레젠테이션하는 모습을 그려보는 것이다.

당신의 말에 반응하는 사람들의 얼굴과 미소, 질문들을 상상하라. 당신이 명확하게 적절한 대답을 하는 모습을 상상하라. 우리 뇌는 긍정적인 경험을 기대하도록 설계되어 있다. 성공적인 프레젠테이션을 상상하면서 느끼는 즐거운 감정은 오래 지속된다. 실제 프레젠테이션을 하러 회의실에 들어가면 데자뷔를 경험하게 될 것이다.

④ 자기만의 의식을 만들기

내향형인 당신은 자리에서 일어나 이야기할 때 쫓기는 느낌을 받고 싶지 않을 것이다. 마음이 급해질 땐 진정하고, 머릿속을 정리하고, 하고 싶은 말을 끝까지 연습해보는 시간을 가져라. 자기만의 의식을 행하는 시간을 만드는 것이다. 그 시간 동안 당신은 마음을 편안하게 다스리고, 준비를 마칠 수 있을 것이다. 사전에 회의실을 답사하거나, 스트레칭을 하거나, 몸을 긴장했다가 이완시키는 동작을 하거나, 산책이나 기도를 해보자. 여러 방법을 시도해보고 자신에게 적절하다고 느껴지는 방법을 찾아야 한다. 찾게 되면 그 방법을 사람들 앞에 나설 일이 생길 때마다 반복해 실시하라.

존재감 드러내기

이제 나 자신을 완벽히 준비시켰다. 자료 역시 모두 파악했다. 프레젠테이션을 할 시간이다. 준비한 것을 바탕으로 존재감을 드러낼 차례다. 다음 세 가지 방법을 살펴보자.

- 청중과 유대감을 맺어라.
- 잠시 멈춰라.
- 언어를 사용하라.

청중과 유대감을 맺어라

뛰어난 미디어 컨설턴트인 고故 매릴린 모블리Marilynn Mobley는 '청중과 유대감을 맺는' 강력한 기술을 이야기한 바 있다. "사람들은 엿듣기를 좋아한다."[39] 그녀는 청중 가운데 한 사람에게 눈을 맞추고 시선을 고정시킨다. 그러면 강연장 안의 다른 모든 사람은 그 시선의 연결에 몰입하게 된다.

내향형 CFO인 리처드에게 눈 맞춤은 크나큰 도전이다. 코칭을 받기 전에 그는 연단에 오르면 뻣뻣하게 서서 고개를 푹 숙인 채 마이크에 입을 대고 프레젠테이션 원고를 읽었다. 눈은 원고에 붙박여 있었다. "중간 휴식 시간에 보니, 죄다 졸고 있더군요!" 리처드의 코치 아멜리아는 이렇게 말했다. 코칭을 받고 수많은 노력을 한 끝에 리처드는 청중과 눈을 맞추며 이야기할 수 있게 되었고, 그의 프레젠테이션은 완전히 달라졌다. "그의 팀원들이 회의실 밖으로 나가면서 자신이 얼마나 프레젠테이션을 집중해 들었는지 모른다고 하더군요." 코치 아멜리아가 말했다. "팀원들은 동기를 부여하는 리처드의 연설에서 에너지를 받았어요. 그가 단순히 재무지표만을 읽었을 때는 그러지 않았죠."

청중들이 듣게 만들어야 한다. 어떻게 말해야 할지는 걱정하지 마라. 이를 염두에 두면, 당신의 프레젠테이션 기술은 향상될 것이다. 영업사원들을 교육하는 업무를 맡은 라일리는(그역시 내향인이다) "내가 어떻게 행동하고 말하는지에서 청중이 어떻게 듣는지로 초점을 바꾸었고, 그러자 모든 게 바뀌었습니다. 긴장은 덜하고, 더 효율적으로 말할 수 있게 되었어요"라고 말했다.

잠시 멈춰라

내향인인 당신은 잠시 멈춤에 얼마나 커다란 이점이 있는지 알 것이다. 잠시 멈춤은 숙고하고, 흩어진 생각을 모으고, 재충전할 여유를 준다. 핵심 내용을 전달하기 전에 잠시 말을 멈추면 청자들로부터 집중력을 끌어낼 수 있다. 청자들이 중요한 정보를 받아들일 준비를 하기 때문이다.

요점을 말한 후 잠시 말을 끊으면 그 아이디어가 효율적으로 스며든다. 효과적인 메시지 전달 방법을 아는 강연자들은 잠시 말을 멈춤으로써 청중들이 그간 설명한 내용을 처리할 시간을 준다. 연설 중간중간 이러한 여유를 주면, 단어를 더 잘 기억하게 되어 메시지를 더 명확하게 전달할 수 있다. 잠시 멈춤의 시간을 문장 사이에 넣는 쉼표로 여겨라. 중요한 내용을 강조하고 싶을 때, 바로 이 쉼표를 사용하라.

스피치 전문 코치 패트리샤 프립Patricia Fripp은 "잠시 멈추는 순간은 아무것도 아닌 순간이 아니다"라고 말한다. "(잠시 멈춤은) 전략적으로 사용하면 청중과 지적으로, 정서적으로 연결되는 데 도움이 된다."[40]

사람들은 긴장하면 더 빠른 속도로 말하는 경향이 있다. 의식적으로 잠시 멈추는 것은 빨라지는 말의 속도를 늦추는 데도 도움이 된다.

신체 언어를 사용하라

① 메시지 전달을 방해하는 몸짓

내 트레이닝 동영상을 처음 봤을 때, 나는 동영상 속의 내가 손에 든 마커펜에서 시선을 뗄 수가 없었다. 강연 내내 마커펜은 오른손에서 왼손으로, 앞에서 뒤로, 다시 왼손에서 오른손으로 날아다녔다. 강연 도중에는 그 사실을 전혀 몰랐다. 내가 배포하는 '지혜의 말씀'은 청중의 눈을 사로잡는 마커펜의 움직임 덕분에 공중으로 흩어져버렸다. 몸짓이 프레젠테이션을 망치는 아주 좋은 예로 나는 이 일화를 든다.

그 동영상을 본 후, 나는 내가 팔을 어떻게 움직이고, 펜을 든 손을 어떻게 사용하는지에 좀 더 신경 쓰게 되었다. 강연할 때 청중의 주의를 흐트러트리는 행동을 하지 않도록 더욱 주의를 기울였다.

② 메시지 전달을 강화하는 몸짓

몸짓은 메시지를 효과적으로 전달하는 도구가 되기도 한다. 하버드대학 연구원 에이미 커디Amy Cuddy는 팔을 내밀고 강연장 안으로 들어간다거나, 양손을 엉덩이 부근에 받치는 포즈가 통제력과 힘을 전달한다고 주장한다. 그는 이같이 힘(자신감)을 주는 동작을 '파워 포즈'라고 부른다.[41] 이런 물리적 행동은 프레젠테이션을 하기 전이나 하는 동안 자신감을 갖게 해준다.

강사이기도 한 엔지니어 레나는 강연을 할 때 자신이 드러내고 싶은 특징을 지닌 모델을 하나 골라서 그가 하는 방식을 따라 한다. 이를테면 그녀는 종종 오프라 윈프리의 몸동작이나 자세, 낮고도 확신에 찬 목소리를 모델로 삼는데, 그렇게 하면 프레젠테이션을 하는 동안 자신감이 생긴다고 한다.

밀어붙이기

밀어붙이기 단계는 당신의 프레젠테이션 실력을 더욱 업그레이드해줄 것이다. 다음은 밀어붙이기의 주요 3단계다.

- 얼마나 밀어붙여야 하는지 파악하라.
- 크게 말하라.
- 창의력을 발휘하라.

얼마나 밀어붙여야 하는지 파악하라

언젠가 UPS 택배사에 우편물을 찾으러 갔다가 제러미를 마주쳤다. 부드러운 말투의 이 젊은 친구는 지역 대학을 다니는 중이었다. 그는 최근 대중 연설 과목을 신청했다고 자랑스럽게 이야기했다. 한 단계씩 밟아나가는 모습이 대견하다고 내가 말하자 그가 크게 미소를 지었다.

"맞아요! 그런데 제일 좋은 게 뭔 줄 아세요?"

"모르겠는걸." 내가 대답했다.

"온라인 수업이라는 거예요!"

나는 웃지 않을 수가 없었다. 대중 연설 과목을 자기 집, 자기 방에서 듣는다는 게 좀 모순적이지 않은가?

시간이 흘러 제러미는 졸업을 하고 소프트웨어 디자이너로 멋진 직장에 들어갔다. 최근에 그를 만났는데, 그는 자신감이 배어 나오는 목소리로 대중 강연 수업을 들은 것이 얼마나 잘한 일이었는지 이야기했다. 곰곰이 생각해보니 제러미가 대중 연설 강의를 신청한 것이 얼마나 자신을 밀어붙인 행동이었는지 깨달았다. 제러미는 스스로 안전지대에서 한 걸음 걸어 나온 것이었다. 그렇다면, 당신은 무엇을 밀어붙이고 싶은가?

크게 말하라

큰 소리로 말하며 연습하기는 프레젠테이션 내용을 수정하고 보완할 수 있는 멋진 전략이다. 이런 방식으로 리허설을 하면 자신이 쓴 글이 어떻게 들리는지 음성으로 들을 수 있다. 글로 쓰인 단어들을 말로 읊으면, 어떤 문장이 말로 더 잘 표현되는지 알 수 있다. 또, 프레젠테이션에 도움이 되지 않거나, 버벅거리게 되는 단어를 찾아내 수정하거나 삭제할 수도 있다.

지겨워질 때까지 프레젠테이션 내용을 큰 소리로 말하면서 연습하라. 억양, 강조할 단어, 잠시 멈추는 구간, 적절한 타이밍 등을 생각하면서 자신의 프레젠테이션이 어떻게 들리는지 귀로 들어라. 주제별로 원고를 쪼개서 연습해보면 각 부분을 더 잘 파악하게 될 것이다.

대중 앞에서 자신감 있고 편안하게 강연할 수 있도록 도와주는 여러 단체나 모임에 참가하는 것을 고려해보라. 국제 비영리조직 토스트마스터스Toastmasters는 편안한 분위기에서 대중 강연을 할 기회를 정기적으로 제공하며, 도움이 되는 피드백도 준다. 피드백을 받아 프레젠테이션 기술을 계발할 수 있을 것이다.

창의력을 발휘하라

프레젠테이션에서 어떤 창의력을 발휘할 수 있을까? 청중에게 어떤 창의적인 방식으로 핵심을 제시할 수 있을까? 동영상을 보여주거나 소품을 사용해도 좋을 것이다. 각각의 도구를 사용했을 때 청중이 어떻게 반응했는지 기록해두자. 나아가, 최근 유행하는 단어나 말하는 방식을 참고해 강연 스타일을 계속 변화시켜나가라. 청중과 더 쉽게 유대를 맺을 수 있을 뿐만 아니라 강연할 때마다 스스로에게도 동기 부여가 되고, 신선한 기분을 느낄 수 있을 것이다.

영업 직원을 교육하는 코치 마티 머서Marty Mercer는 혁신적인 프레젠테이션 방법 하나를 알려주었다. 그는 강연 전날 카메라를 손에 들고 호텔 주변을 돌아다니면서 강연에 올 사람들을 촬영했다. 그러고 사진마다 재미있는 코멘트를 달아 프레젠테이션용 슬라이드에 넣었다. 청중은 그의 프레젠테이션에 완전히 빠져들었다. 물론 문제가 발생하지 않도록 강연 기획자들과 코멘트를 미리 살펴보기도 했다.

연습

코미디언 제리 사인필드Jerry Seinfeld는 대중 연설의 달인인데, 이는 우연히 얻은 능력이 아니다. 그의 각본에는 대중 연설에 관한 교훈이 있다. "2주 동안 코미디 무대에 오르지 않으면 몸이 안다. 몇 년 전 어떤 기사를 읽었는데, 거기에는 어떤 운동을 많이 연습하면 말 그대로 '대역폭'이 넓어진다고 쓰여 있었다. 뇌의 신경 경로에 더 많은 정보가 포함된다는 말이다. 연습을 멈추면 뇌의 신경 경로는 곧바로 수축되기 시작한다. 이 기사가 내 인생을 바꾸었다. 나는 늘 '왜 나는 이 무대에 오르는가?' 같은 질문을 스스로 던진다. 왜 그런지 이미 알고 있다고? 아니다, 모른다. 그러니 질문을 계속해야 한다. 질문을 멈추는 순간 대역폭이 좁아지기 시작한다."[42]

연습할 기회를 만들어라

프레젠테이션을 연습할 기회를 만드는 몇 가지 아이디어를 소개하겠다.

- 회의할 때, 최근 트레이닝 과정에서 배웠던 내용을 공유하기.
- 컨퍼런스에 참석해 배운 경쟁 동향에 관한 내용을 팀원들에게 설명하기.
- 프로젝트의 진행 상황을 다른 팀과 공유할 때 자신이 설명해도 되겠냐고 상사에게 요청하기.
- 행사 참석을 홍보하는 자원 봉사하기.

자리에서 일어서서 큰 소리로 말할 기회는 언제, 어디에나 있다. 아주 짧은 시간이라도 좋다. 그때가 언제인지 알아차리기만 하면 된다.

동료들에게 피드백을 요청하라. 말을 할 때 눈을 잘 맞췄는지, 구성은 어땠는지, 참여를 잘 이끌었는지 등을 물어보라. 사람들에게 당신이 어떤 피드백을 받고 싶은지 말하면 구체적인 도움을 받을 수 있다.

발전하기 위한 방법은 연습밖에 없다. 이 장에서 다룬 4P 프로세스를 따라 하고, 성실하게 연습하면 사람들에게 영향력을 발휘하는 강력한 프레젠테이션 기술을 익힐 수 있을 것이다.

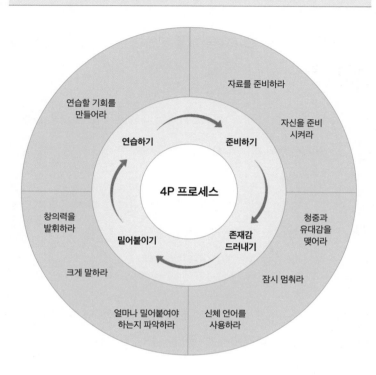

6장

내향형 리더가
회의를 주도하는 법

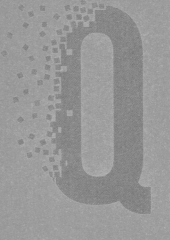

Q

회계 팀장 카를로스는 주간 회의를 진행 중이었다. 가벼운 인사말을 나누고 난 뒤, 그는 이번에는 다를 거라고 희망을 품었다. 많은 내향인이 원격 회의를 할 때 자기 생각을 표현하기 위해 끼어들 타이밍을 찾는 걸 어려워한다. 에너지가 강한 사람들이 회의를 시작하고 주도하기 때문이다.

카를로스는 보고서를 제출했다. 새로운 마케팅 계획에 관한 논의가 이뤄지는 동안, 다시 한번 그는 자신의 목소리를 전달하는 데 어려움을 느꼈다. 카를로스가 목소리를 높일 기회가 왔다고 생각했을 때, 사람들은 회의를 마치고 자리에서 일어나는 중이었다. 그는 전문성을 드러낼 기회를 또 한번 놓쳤다.

여러분 역시 카를로스처럼 회의에서 존재감 없이 자리만 지키고 있다는 기분을 느끼는가? 이는 내가 함께 일했던 내향인들이 가장 많이, 공통적으로 털어놓은 고민이다. 그들 중 한 명은 "상사가 제게 목소리를 더 높일 필요가 있겠다고 조언했어요"라고 말했다. "경청하는 것은 그다지 중요하지 않은 듯해요. 얼마나 많이 목소리를 내느냐가 더 중요하지."

내향형 리더인 카를로스와 함께, 외향인이 지배하는 회의 자리에서 내향인이 지닌 조용한 강점을 발휘할 수 있게 도와줄 기술들을 살펴보자.

준비하기

회의를 스포츠 경기라고 생각해보자. 예를 들어 테니스라면, 당신은 테니스 경기를 몇 회 지켜보면서 규칙을 어느 정도 파악하고, 점수를 어떻게 따는지 알게 된다. 그러고 나서 테니스를 배우러 갈 것이다. 기술을 익혀가면서 당신은 상대를 평가하고 전략을 개발하는 방법을 터득하게 된다. 회의 준비를 할 때도 이와 유사한 전략을 쓸 수 있다.

회의를 주도하든, 참가자 역할을 하든 회의의 주요 요소를 알아야만 더 잘 준비할 수 있다.

- 목적을 분명히 하라.
- 회의에 기여할 수 있도록 도와라.
- 쉽게 참여하게 만들어라.
- 앉을 자리를 파악하라.

목적을 분명히 하라

회의를 소집하기 전에 그 목적과 필요성을 분명히 해야 한다. 『이런 식의 회의는 그만!Let's Stop Meeting Like This』의 공저자 딕 액슬로드Dick Axelrod와 에밀리 액슬로드Emily Axelrod는 먼저 회의에서 어떤 정보를 공유해야 하는지를 생각하라고 제안한다. 사람들과 대화할 필요가 있는 일인가? 실행 계획을 조정하고, 결정을 내리며, 전략을 개발해야 할 마땅한 이유가 있는가?[43] 회의란 문제 해결, 아이디어 도출, 감정 표현, 성과 인정이 이루어지는 곳이다.

회의를 하자고 말하면 사람들은 대개 어째서 자신이 회의에 들어가야 하는지 의문을 제기하지 않는다. 왜 내가 회의에 들어가야 하는지 그 이유를 파악하라. 그저 습관적인 회의 참석 요구인가? 상사의 부재로 결정 권한을 위임받은 회의인가? 혹은 단순한 대리인으로 참석해 회의 내용을 보고해야 하는 입장인가?

회의 참석을 해야 하는 사람은 누구인가? 참석자 목록에 빠진 사람은 없는지 살펴보라. 적절한 정보를 제공할 사람, 색다른 관점을 제시할 사람, 회의 결과에 책임을 질 사람이 회의 탁자에 앉을 사람이다.

회의에 기여할 수 있도록 도와라

당신과 팀 모두에게 성공적인 회의가 될 수 있도록 하는 방법에는 무엇이 있을까? 스티브 피어산티Steve Piersanti는 베렛콜러 출판사Berrett-Koehler Publishers의 CEO다. 그는 회의를 준비할 때, 회의에 활발하게 참여하고 기여하기 위해 스스로에게 질문 두 가지를 던진다. "내가 어떤 기여를 할 수 있을까?"와 "내가 얻을 수 있는 것은 무엇일까?"이다. 이 질문들은 그가 팀원들에게 어떤 이득을 줄 수 있고, 또한 자신이 회의에서 원하는 것이 무엇인지를 명확하게 해준다.

내향형 팀장인 케이트는 최근에 회의를 하기 전에 미리 살펴봐야 할 문서를 첨부해 메시지를 보냈다. 그러면서 첨부한 자료를 토대로 논의를 진행하고 결정을 내려야 한다고 강조했다. 팀원 대부분이 자료를 숙지하고 회의에 참석했다. 회의를 마무리하면서 팀원들은 회의 안건을 미리 생각해볼 수 있어서 회의 시간을 더욱 효율적으로 사용할 수 있었다고 말했다.

명확한 안건 없는 회의는 지도 없이 나선 항해와 같다. 회의가 소집되면 사전에 회의 안건이 무엇인지 물어라. 그러면 회의 준비를 충분히 할 수 있다. 특정한 안건이 없다면 팀원들에게 아이디어를 모으자고 제안하고, 그중 하나를 준비하라.

내게 코칭을 받는 내향인 팀은 상사인 프리야가 일대일 회의 전에 사용하는 유용한 전략 하나를 알려주었다. 프리야는 외향형이지만, 팀원들에게 숙고할 시간을 주는 게 중요하다는 사실을 잘 알았다. "중요한 회의 전에 그녀는 제 자리에 들러서 제안서를 건네고 이렇게 말해요. '이 제안서를 보세요. 10분 후에 가지러 올게요.' 이런 태도는 우리 둘 모두에게 엄청난 도움이 되었습니다"라고 팀은 말했다. 프리야는 팀에게 제안서의 내용을 생각하는 데 필요한 시간을 주고, 몇 분 후 되돌아옴으로써 자신 역시 몸을 풀 시간을 가졌다.

쉽게 참여하게 만들어라

회의실에 10분 일찍 도착해서 몸과 마음을 준비시켜라. 회의와 회의 사이의 시간 간격을 너무 짧게 두고 있지는 않은지 확인하라. 회의실에서 다른 회의실로 달려가야 하거나, 화상 회의에 늦게 참여하는 것은 좋지 않다. 조금 일찍 회의실로 향하면 회의를 준비하고 숙고할 시간이 마련된다. 조용한 시간이 주는 강점을 최대한으로 끌어올릴 수 있는 것이다. 또, 차분하게 준비된 당신의 모습은 사람들에게 긍정적인 인상을 심어줄 수 있다.

일찍 도착하면 소소하게 대화를 나눌 시간도 생긴다. 다른 사람들과 자연스럽고 쉽게 유대를 쌓을 수 있다는 말이다. 당신이 퍼실리테이터facilitator(집단 내에서 지시 혹은 주도하는 역할이 아니라 의사결정, 문제 해결 등을 촉진하고, 중재 및 조정하는 역할을 담당하는 사람 – 옮긴이)라면, 곧장 본론으로 들어가기보다는 먼저 사람들과 '유대감'을 쌓으려고 할 것이다. 회의 참석자가

10명 이하라면, 한 사람 한 사람에게 요즘 좋은 일이 있느냐는 질문으로 근황을 파악할 수 있다. 참석자가 그보다 많다면 잘 지냈냐는 간단한 말을 건네면 된다.

내향인은 보통 자발적으로 개인 정보를 밝히기를 꺼리지만, 좀 더 건설적인 관계를 맺을 기회를 감사해하는 사람도 많다. 팀원들과의 좋은 관계는 업무를 할 때 윤활유가 되어준다. 화상 회의라면 공식적으로 회의를 시작하기 전에 사람들이 잡담에 뛰어들 만한 질문을 몇 개 던져라. 그럼 모두가 회의 초반에 유대감을 쌓을 수 있을 것이다.

앉을 자리를 파악하라

앞서 살펴보았듯, 내향인은 종종 무시당하는 기분을 느낀다. 무시당하는 기분을 느끼지 않도록 강력한 존재감을 발휘할 방법을 살펴보겠다. 당신은 회의실 안, 사람들 사이 어딘가에 앉게 된다. 이때 어디에 앉느냐에 따라 (비록 잠재의식 수준일지라도) 사람들이 당신을 바라보는 시각에 영향을 미칠 수 있다.

회의 테이블이 길쭉한 형태라면 가장자리보다 가운데 자리에 앉는 것이 더 눈에 띌 기회가 많다. 가장자리에서는 모든 사람과 눈을 맞추기가 어렵기 때문이다. 하지만 가장 힘 있는 사람이 앉는 테이블 상석 쪽의 가장자리는 종종 앉는 것이 적절할 때도 있다. 원하는 자리에 앉기 위해서라도 회의에 일찍 도착하는 것이 낫지 않은가? 회의에 늦게 참석한다면 상대적으로 권한이 적은 위치, 즉 맨 끝자리에 앉게 될 수 있다.

교실같이 참석자들이 정면을 향해 앉아야 하는 공간이라면, 앞줄에 앉아야 그 공간 안의 사람들에게 존재감을 발휘할 수 있다. 스포트라이트가 미치지 않는 뒷줄에 앉는 게 더 편안하게 느껴질 수도 있다. 뒷줄은 앞에 앉은 사람들을 모두 바라볼 수 있지만, 자신의 목소리를 내기는 어려운 자리다.

존재감 드러내기

존재감을 높이는 방법을 알아보자.

- 기본 규칙을 만들고 시행하라.
- 브레인라이팅 기법을 이용하라.
- 첫 5분 안에 목소리를 내라.
- 휴식 시간을 마련하라.

기본 규칙을 만들고 시행하라

기본 규칙은 회의 과정을 통제하는 도구다. 기본 규칙은 가이드라인으로, 팀원들이 함께 만들고 동의해야 한다. 사용하는 단어가 적확하고, 모두가 의미를 분명히 알 수 있는지 확인하라. 엄지손가락을 치켜드는 동작으로 팀원들이 모두 동의한다는 사실을 확인할 수 있다. 논의가 산으로 가면, 참석자들은 퍼실리테이터의 개입 없이도 부드럽게 서로에게 규칙을 상기시키며 본론으로 돌아올 수 있을 것이다.

내향형 리더 미구엘은 내게 보낸 이메일에서 기본 규칙에 관해 입에 침이 마르게 칭찬했다. "회의가 기본 규칙에 따라 진행되는 것이 정말 좋습니다. 내가 말할 때 다른 사람이 끼어들지 못하게 하는 규칙이 있다면 저는 회의를 할 때 더 많은 의견을 낼 겁니다."

기본 규칙을 기꺼이 시행하라. 어떤 팀이 '정시에 착석하기'라는 기본 규칙에 따라 회의가 시작되면 문을 걸어 잠그기로 했다. 모두가 동의했고, 회의가 시작되면 정말로 문을 잠갔다. 늦게 도착한 팀원들은 정말로 회의에 참석하지 못하게 되었음을 알고 깜짝 놀랐고, 그 후로는 제시간에 참석했다!

기본 규칙을 수립하고 시행할 때 팀원들의 민족적, 조직적 문화를 고려하라. 이를테면 일부 아시아 국가에서는 '본론부터 말하라'는 규칙은 적용하기 힘들 수 있다. 풍부한 집단 토론과 합의를 장려하는 문화적 배경 때문이다. 간단히 말해 그들이 수용하는 문화 규범에 맞지 않는다는 말이다.

회의가 끝날 무렵 몇 분간 팀원들에게 개선안을 제안할 시간을 줄 수도 있다. 회의 중에 기록한 내용이나 회의 과정을 개선할 아이디어 등이 있는지 모두에게 물어보는 것이다. 실내 온도에서부터 논의 중인 프로젝트에 관한 사항까지 어떤 주제든 상관없다. 아이디어를 큰 소리로 읽어주고, 그중 무엇이 필요할 것 같은지 물어라. 개선안이 제시되면 회의 주관자로서 피드백을 하고, 다음 회의까지 개선안을 반영해 조정하라. 그리고 팀원들에게 그 사실을 알려주어라.

기본 규칙 예시

시간을 준수하라: 회의 시작 시각과 종료 시각을 지킨다.

참여하라: 목소리를 내고, 참여한다.

존중을 보여라: 다른 사람이 말할 때 끼어들지 않는다. 한 번에 한 사람씩 발언한다.

휴대전화를 꺼두어라: 진동음까지 꺼야 한다.

본론부터 말하라: 주제에만 초점을 맞춰야 한다..

비밀 유지 의무를 준수하라: 회의에서 나온 발언은 외부에 발설하지 않는다.

브레인라이팅 기법을 이용하라

아이디어를 이끌어내는 것은 회의의 목적 중 하나이지만, 불행히도 전통적인 브레인스토밍 방식은 내향인에게는 그리 효과적이지 못하다. 머릿속에 가장 먼저 떠오르는 생각을 포착하는 것이 반드시 최상의 아이디어로 이어지지는 않는다. 마지막에 화이트보드에 적히는 아이디어는 단지 목소리가 가장 큰 사람, 즉 외향인의 아이디어인 경우가 많다.

이제는 '브레인라이팅brainwriting(아이디어를 종이에 작성하는 방식으로 진행되는 집단적 아이디어 창출 기법으로, 브레인스토밍의 단점을 보완한다 ─ 옮긴이)' 기법을 쓰는 것을 고려해보자.

브레인라이팅은 내향인 친화적인 방식으로, 시간을 들여 생각하고 글을 쓰는 방법이다.[44] 팀원들에게 종이 한 장씩을 나누어준다. 종이 맨 위에 주제 혹은 질문을 쓰라고 말한다. 글을 쓴 뒤 오른쪽 사람에게 종이를 전달하라고 지시한다. 옆 사람은 첫 번째 질문을 읽고 그 아이디어에 부가하는 내용을 쓰거나, 완전히 새로운 아이디어를 덧붙인다. 이런 식으로 종이를 한 바퀴 돌린다. 그러면 조용하게 숙고한 결과가 얻어지고, 팀원들이 주요 주제를 함께 나눌 수 있다.

이렇게 이끌어낸 아이디어는 일반적으로 브레인스토밍에서 나온 아이디어보다 팀원 전체의 의견을 대변하며, 더 강력한 아이디어인 경우가 많다. 이보다 더 내향인 친화적인 방식도 있다. 아래 표를 참고하라.

좀 더 내향인 친화적인 회의 방식

- 토의 전에 2~3분 가량 팀원들에게 의견을 적게 한다.
- 화상회의라면 채팅창으로도 응답할 수 있게 한다.
- 팀원들을 둘씩 짝짓거나 소규모 그룹으로 나눠서 안건을 토의하고, 해당 결과를 팀 전체와 공유하게 한다. 이 방식은 오프라인과 온라인 모두에서 사용할 수 있다.
- 내향인들이 생각할 시간을 마련한다.
- 팀원들에게 질문을 던지고, 각자 2분씩 의견을 발의할 시간을 준다.
- 내향인에게 서기 혹은 시간 기록원 역할을 맡기면 그 사람이 존재감을 더 잘 드러낼 수 있다.

- 화상 회의나 전화 회의를 할 때는 시계 방향으로 혹은 이름 철자 순으로 발언 기회를 모두에게 준다.
- 문제를 해결하려면 소규모 태스크 포스task force를 만든 뒤, 다시 외부의 큰 그룹과 회의를 진행해 태스크 포스에서 결의된 내용을 보고한다.
- 에너지가 고갈되면 예정에 없어도 휴식 시간을 가진다.

첫 5분 안에 목소리를 내라

회의가 시작되면 첫 5분 안에 발언하라. 이것을 '첫 5분 규칙'이라고 한다. 내향인인 내 의뢰인 중 한 사람은 이 규칙이 무척이나 실용적이었다고 긍정적으로 응답했다. 회의 초반에는 누군가 이미 말한 내용에 코멘트를 하거나 질문, 부가 설명을 하는 편이 더 쉽다. 첫 5분 규칙을 따른다면 초기 발화자로 주목받을 수 있을 것이다. 회의실 안에서 목소리를 내는 데 오래 걸릴수록 부담은 점점 더 커지기만 한다. 회의 초반에 목소리를 내는 게 내향인에게는 어려울 수 있겠지만, 어떤 발언을 할지 사전에 연습해두면 좀 더 쉽게 입을 뗄 수 있을 것이다.

> **TIP**
>
> **목소리를 키우는 방법**
>
> 전화 회의라면 자리에서 일어나서 목소리를 크게 내라. 자, 연습해보자. 앉은 자세에서 "오늘 날씨가 좋군요"라고 말해보자. 이제 자리에서 일어

나서 똑같은 말을 다시 한번 해보자. 차이가 느껴지지 않는가? 대부분은 서 있을 때 목소리가 더 크고 강하게 나온다. 서 있을 때 횡격막이 더 열리고, 더 많은 산소를 들이마실 수 있기 때문이다.

전화 회의에 참여 중인 사람들은 당신의 모습을 볼 수는 없지만, 목소리에 담긴 에너지는 느낄 수 있다. 많은 내향형 영업사원이 앉아서보다 일어서서 말하는 편이 자신이 전달하는 메시지를 더 강력하고 자신감 있게 들리게 하며, 그에 따라 판매에도 더 긍정적인 결과를 냈다고 말했다.

휴식 시간을 마련하라

이따금 마감일과 한정된 시간으로 인해 회의 중에 휴식 시간을 가지지 못할 때가 있다. 이는 내향인에게 조용히 숙고할 시간을 빼앗는다. 그럴 땐 휴대전화 알람을 이용해 휴식 시간을 안배하라.

회의 시간에서 창의적인 아이디어를 내는 시간과 실행 계획 혹은 결정을 내리는 시간을 분리하는 방식도 고려하라. 이 또한 내향인에게 아이디어를 곰곰이 생각할 기회를 준다. 중간에 휴식 시간을 주면 맑은 정신으로 다시 결정 과정에 참여할 준비를 할 수 있다. 어떤 리더들은 아이디어를 내는 회의와 실행 계획을 내리는 회의 사이에 수일의 차이를 두기도 한다. 그럼으로써 내향인의 효율성이 높아진다는 사실을 발견했기 때문이다.

휴식 시간이 스케줄에 없다면 당신이 직접 요청하는 것도 방법이다. 내향형 리더 마틴은 팀원들과 상사에게 자신이 다음 날 대답을 해도 되겠느냐고 이야기함으로써 시간을 번다. 그러면 대개 괜찮다는 대답이 돌아온다. "제가 어떻게 프레임을 짜느냐가 관건이지요"라고 마틴은 말한다.

밀어붙이기

회의 참여를 높이기 위한 밀어붙이기 근육을 강화할 방법들을 소개하겠다.

- 디지털 기술을 현명하게 사용하라.
- 외향적인 사람을 다루는 기술을 연마하라.

디지털 기술을 현명하게 사용하라

회의할 때 디지털 기술을 사용하는 것은 도움이 될 수 있다. 디지털 기술을 사용할 때 중요한 점은 장비를 관리하고, 회의 내용에 집중하는 데 책임감을 갖는 것이다. 팀원들이 당면한 회의에 완전히 몰입한다면, 디지털 기술은 크게 방해되지 않을 것이다.

디지털 기술은 그것이 유용하고 적절할 때만 사용하는 것이 좋다. 이를테면 포춘 500대 기업 중 한 곳에서 마케팅 매니저로 일하는 이사벨라는 팀원들이 아이디어가 떠올랐을 때 고객이나 상사에게 보고하기 전에 자신에게 문자를 보내서 확인과 피드백을 받는다고 한다.

기술은 부적절하게 사용하면 불행한 결과를 불러올 수도 있다. 언젠가 전화 회의를 하는데, 고객이 이야기하는 동안 몇몇 팀원이 아이디어를 떠들어댔다. 그런데 '자신들의 너무 멋진 아이디어'를 논하기 위해 그 팀원들은 고객의 목소리를 '음소거'해버렸다. 그러는 사이 고객이 그들이 낸 아이디어와 똑같은 아이디어를 말한 것이다. 팀원들이 음소거를 끄고 다시 전화에 집중해 자신들의 아이디어를 이야기하자, 고객은 그들이 자기 말을 듣지 않은 것을 알아챘다. 당황스러운 일이었다. 물론 이들은 고객의 신뢰를 잃었다.

웨비나webina(온라인으로 진행되는 세미나 혹은 컨퍼런스－옮긴이)나 화상 수업 같은 디지털 기술의 발전은 내향인에게 몇 가지 이점을 제공한다. 먼저, 채팅 기능을 이용해 글로 쓸 수 있다는 장점이 있다. 둘째로, 얼굴을 맞대고 이야기해야 하는 부담감에서 해방된다. 자신이 말하고 싶은 내용을 한 번 더 생각할 수 있는 시간이 생기므로, 오프라인 회의보다 긴장하지 않을 수 있다. 셋째로, 오프라인 회의보다 살짝 늦게 반응해도 된다. 마지막으로, 사이사이 질문과 의견을 던짐으로써 회의에서 존재감을 드러낼 수 있다.

외향적인 사람을 다루는 기술을 연마하라

이 장의 도입부에서 언급한 카를로스의 이야기를 기억하는가? 자기 목소리를 들리게 하고 싶은 사람은 카를로스만이 아니다. 나 빼고 회의실 안의 모든 사람이 외향인인 상황에서도 기술 몇 가지만 알면 내 목소리를 들리게 만들 수 있다. 외향적인 사람은 자신이 대화를 주도하고 있다는 사실조차 감지하지 못할 때가 종종 있다는 사실을 기억해야 한다. 그들은 타고나기를 자기 아이디어를 입 밖에 내는 사람들이다. 따라서 당신이 무언가 말을 하며 끼어든다 해도 그들은 화내지 않을 것이다. 외향인은 자신이 말로 끼어드는 데 익숙하기 때문에 다른 사람들 역시 툭 끼어드는 게 당연하다고 생각한다.

다음 표는 분위기를 주도하는 외향인을 다루기 위해 내향형 리더가 사용하는 방법들이다.

회의에서 외향인을 다루는 법

- 말이 하고 싶을 때, 그 사람의 이름을 부르면서 "○○ 씨, 제가 한마디 해도 될까요?"라고 질문해보라. 회의 중이라면, 손을 들거나 발언하고 싶다는 뜻의 제스처를 취하라.
- 누군가가 당신이 말하는 데 끼어든다면, 단호하게 "제 말은 아직 끝나지 않았습니다. 제가 말을 마칠 때까지 기다려주시겠어요?"라고 말하라.
- 말한 내용을 다르게 표현해보라. 상대방이 자신의 말을 당신이 알아들었다고 여기면 "다른 분들의 의견도 듣고 싶군요"라고 말해보라. 발언자가 같은 요지를 계속 반복해 말하면 "그 밖에 제가 더 알아야 할 것이 있나요?"라고 말할 수 있다.

- 중립적인 표정을 유지하라. 웃거나 고개를 끄덕이지 마라. 그러면 이야기가 더 길어질 것이다.
- 전화 회의라면, "네, 네"라든가 "그렇군요"라는 추임새를 넣지 마라. 추임새는 말이 길어지게 할 뿐이다.
- 기회를 놓쳤다면, 그날 주로 영향력을 미친 사람 혹은 팀원 전체에게 추후 이메일을 보내 보충하라. 당신 아이디어를 전달할 리더나 다른 팀원을 찾을 수도 있을 것이다.

연습하기

회의에 참석하는 것은 곧 회의 기술을 연습할 기회다. 회의에서 당신의 시간을 통제하는 연습을 할 방법 몇 가지를 소개하겠다.

- 회의 전문가가 되어라.
- 회의를 연습의 장으로 삼아라.
- 새로운 방법을 시도하라.

회의 전문가가 되어라

'회의'라는 주제 자체에 관한 전문가가 되어보자. 당신 조직에 새로운 회의 방식을 도입해보는 건 어떨까? 회의실에 일찍 도착하는 일부터 시작해 안건을 만들고, 회의 규칙을 수립하고, 조직 문화를 변화시키는 중개인이 되어보는 것이다.

내게 코칭을 받는 내향인 재닌은 대형 통신회사 회계팀장으로 일하고 있다. 그녀는 쓸데없는 회의에 참석해 누가 목청이 더 큰지 겨루는 대회를 자주 치렀다. 불편하고 에너지만 낭비하는 시간을 보내며 지친 그녀는 뭔가 조치를 취할 필요가 있다고 생각했다.

신입 사원이던 때였기에 그녀는 목소리를 높이는 것이 위험하다고 느꼈으나 자기주장을 해야 한다는 사실 역시 알고 있었다. 나는 그녀가 팀장과 대화하기 전에 함께 리허설을 해주었다. 회의 날이 다가왔다. 재닌은 팀장에게 회의의 기본 규칙을 정하는 것이 어떻겠느냐며 제안했고, 그것이 가져다줄 이득을 설명했다.

신중하게 고려한 끝에 팀장은 재닌의 제안을 받아들였고, 다른 팀원들의 동의를 받았다. 재닌은 기본 규칙 중 "한 번에 한 사람씩 말한다"라는 규칙에 유독 눈이 간다고 말했다. 그러자 사람들은 천천히 서로의 말을 경청하기 시작했다. 팀원들은 회의실 벽에 기본 규칙을 적어두었는데, 규칙이 지켜지지 않았을 때 서로에게 그 종이를 가리키며 규칙을 상기시켰다. 기본 규칙은 의견 불일치를 극복하고, 부정적인 에너지를 서로의 의견을 북돋는 긍적적인 자극으로 바꾸어주었다. 회의가 제대로 이뤄지기 시작한 것이다. 재닌이 용기를 내 좋은 회의 기술을 제안하지 않았더라면, 그녀는 여전히 회의에서 비생산적으로 앉아만 있었을 것이다.

회의를 연습의 장으로 삼아라

오프라인이든 온라인이든 회의는 배움의 터전이 될 수 있다. 내향인의 강점인 관찰력을 활용해 리더들이 어떻게 갈등을 다루고, 자기주장을 하는지 살펴보고 배워라. 방해를 받았을 때 리더들이 어떻게 말하는지 잘 새겨듣고, 그들의 '힘 있는 말'을 적어두어라. 리더들이 어떻게 핵심 요점을 정리하고, 질문을 건네는지 살펴보라. 효율적이고 생산적인 회의를 운영하는 리더라면, 회의 진행 방식에 관한 귀중한 가르침을 얻을 수 있을 것이다(이에 관해서는 8장에서 더 자세히 알아보겠다).

새로운 방법을 시도하라

새로운 방법을 시도해봐야 한다. 목소리를 내는 법을 연습하고 싶다면, 앞서 언급한 '첫 5분 규칙'을 시도해보자. 혹은 147쪽에서 다루었던, 당신이 발언할 때 끼어드는 외향인을 통제하는 방법을 연습해도 좋다.

어떤 회의에서든 호기심을 가지고 무언가 발견하겠다는 태도로 임하라. 그러면 회의가 피하고 싶은 일이나 에너지를 낭비하는 잡일이 아니라 성장의 원천이 될 것이다.

다음과 같은 상황을 상상해보자. 회의에서 당신의 의견이 가치 있게 받아들여졌다. 사람들은 당신이 자기 팀에 오기를 바란다. 계획이 실행되고, 프로젝트가 진행된다. 조직 내외의 사람들에게 존재감을 드러내는 일은 당신의 경력에도 도움이 된다. 당신은 회의 시간을 줄이면서도, 회의를 더 생산적으로 이끄는 인재로 보일 것이다. 더 나아가 당신의 조직은 효율적인 회의를 통해 수백만 달러의 비용을 절감할 것이다.

뜬구름 잡는 소리 같은가? 회의 진행 기술을 연습한다면 실제로 이루어질 수 있는 일이다. 이 기술은 기업뿐만이 아니라 지역사회나 협회 같은 조직에서도 시도해볼 수 있다. 일단 회의 기술을 습득하고 나면 당신의 직장 생활은 훨씬 나아질 것이다.

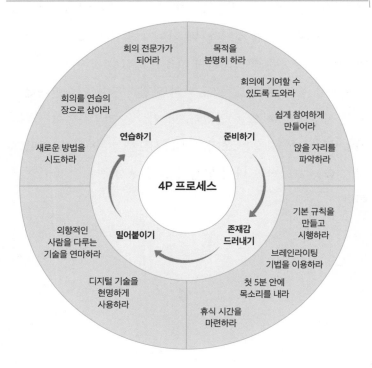

7장
내향형 리더의
네트워킹

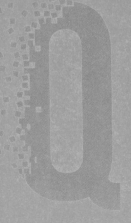

Q

존은 IT 회사의 신임 회계 이사로, 하와이 리조트에서 열리는 '연례 고객 행사'에 참석하러 떠났다. 여행가방을 들고 택시 대기 줄로 향하던 그는 직원들 대부분이 개인 골프채가 도착하기를 기다리고 있다는 사실을 알아차렸다. 그는 골프를 잘 치지 못해서 골프를 즐기는 저들과 함께 어울리기는 어렵겠다고 느꼈다. 그는 다른 사람들이 오후에 골프 홀을 한 바퀴 도는 동안 달리기나 하고 낮잠이나 자야겠다고 생각했다.

다음 날 아침 존은 편안한 마음으로 신제품 발표 회의에 참석했다. 그러나 편안함은 오래가지 않았다. 전날 골프를 치러 나갔던 직원들이 하는 농담을 그는 이해하지 못했다. 심지어 그들은 전날 골프를 치며 고객 문제를 논의했고, 그 문제가 화제로 나오면 존은 겉돌 수밖에 없었다. 골프 회동 같은 '오프라인' 활동이 회사 생활의 한 부분이라는 사실을 존은 몰랐다. 그는 오전 시간 대부분을 골프 회동에서 언급된 화제를 따라잡느라 진을 뺐다.

내가 모르는 새에 회의 전에 이뤄진 회동에서 논의되었던 주제나 문제가 등장해 소외감을 느껴본 적이 있는가? 이런 비공식적인 회동에서 종종 중요한 정보가 공유되고, 유대감이 쌓이고, 결론이 내려지는 경우가 많다. 직장, 골프 코스, 사내 헬스클럽, 혹은 동네 커피숍이 비공식적인 비즈니스의 장이 되는 것이다. 지역 행사(달리기 경주, 자전거 라이딩, 자원봉사 등) 후원 모임 역시 종종 비공식적인 비즈니스의 장으로 이어지기도 한다. 컨퍼런스나 무역박람회 또한 공식적으로는 크게 주목받지 못하지만 거래가 성사되는 장소다.

네트워킹networking이란 상호 이익을 위한 관계 맺기를 의미한다. 사람들은 서로 알고 지내며 신뢰하는 지인이나 친구를 통해 일을 진행하곤 한다. 사려 깊은 네트워킹 방법 중 하나인 '자리 마련하기'는 내향형 리더에게는 어려운 일일 수 있다.

내향인은 사람들과 섞이는 기회가 왔을 때 본능적으로 입을 꾹 닫게 되는 경우가 많다. "내향인은 네트워킹할 수 있는 행사에 가기보다는 차라리 1마일 달리기를 할 것이다"라고 영국의 네트워킹 전문가 앤디 로패터Andy Lopata는 말한다.[45] 하지만 네트워킹 기술은 "선택받은 소수의 타고난 권리"가 아니다.[46] 내 연구에 따르면, 내향인은 높은 집중력, 준비성, 경청이라는 자질을 지니고 있으며, 그 덕분에 끈끈하고 지속적인 관계를 맺는 영향력 있는 연결고리가 될 수 있다.[47]

준비

타고난 준비성이라는 내향인 특유의 강점을 강화해 인간관계를 맺고 영향력 있는 네트워크를 만들기 위해서는 다음 지침 다섯 가지를 따라야 한다.

- 목적을 파악하라.
- 무엇을 제공할 수 있는지 판단하라.
- 필요한 것이 무엇인지 판단하라.
- 질문을 준비하라.
- SNS 전략을 세워라.

목적을 파악하라

당신의 목적이 동료들과 관계를 형성하려는 것인가? 같은 직종 리더들의 생각에서 배움을 구하려는 것인가? 고객을 확보하려는 것인가? 구직 기회를 얻으려는 것인가? 더 많은 사람에게 당신의 메시지를 전달하고 싶은 것인가? 목적을 분명히 하라. 그러면 실행 계획을 세우기가 훨씬 쉬워진다.

내 연구에 따르면, 내향인은 네트워킹에 사려 깊게 참여한다. 이를테면 SNS를 할 때도 내향인은 자신의 네트워크에 들이고 싶은 사람, 사람들과 공유하고 싶은 내용을 깊이 생각한다. 앞서 언급한 존의 경우, 컨퍼런스에 참석하기 전에 자신의 목적이 무엇인지 잘 생각해두었다면, 골프를 치러 가지 않고도 고객을 확보할 방법들을 찾을 수 있었을 것이다.

무엇을 제공할 수 있는지 판단하라

관계 맺기는 호혜성과 관련이 있다. 상호작용을 하면서 자신이 상대에게 무엇을 제공할 수 있는지를 아는 것은 무척 중요하다. 비즈니스 컨설턴트이자 코치인 제시 린 스토너Jesse Lyn Stoner는 몇 년 전 리더십에 관한 블로그를 개설할 때 어떤 접근 방식을 취해야 할지 세심하게 고민했다. 그녀는 리더십 콘텐츠들을 공유해 사람들이 그녀의 일에 흥미를 갖게 하는 전략을 취했다. 그리고 블로그 댓글로 사람들에게 조언을 해주는 한편, 다른 블로그 포스트를 꾸준히 자기 SNS로 공유했다. 이 전략은 그녀의 일이 널리 퍼지는 데 큰 도움이 되었다. 그녀의 트위터 팔로워는 10만 명 이상이며, 블로그 조회 수는 연간 100만 회 이상이다. 이러한 결과는 그녀의 '관대함 전략'에서 비롯된 것이다.

업무에 관련된 것이든 아니든, 당신이 제공할 수 있는 자료와 정보, 경험이나 전문 지식, 아이디어가 무엇인지 생각해보라. 당신이 사용해본 새로운 디지털 기술이나 당신이 요즘 즐겁게 보는 새로운 웹 콘텐츠 등을 공유할 수도 있다. 다른 사람들에게 당신이 어떤 사람인지 알리는 데 도움이 될 것이다. 당신에 대해 양파 껍질 벗기듯 알려줘야 한다. 사람들에게 당신의 관심사를 더 많이 알려라. 그럴수록 더욱 진정성 있게 보일 것이다. 진정한 호혜는 당신이 누군가에게 하나의 자원이 될 때 발생한다.

필요한 것이 무엇인지 판단하라

자신에게 필요한 것이 무엇인지 생각해보라. 직업적으로든, 개인적으로든 당신의 성장을 이룰 정보 혹은 전문 지식이 무엇인지 알아내는 데 시간을 들여라. 무엇을 배우고 싶은가?

나의 내향인 직장 동료 해나는 자신이 직장 내에서 갈등을 피하는 성향이 있다고 말했다. 그 성향이 문제가 되고 있다면서 그녀는 내게 갈등을 다루는 기술을 익힐 수 있도록 도와달라고 청했다. 나는 알고 있는 강좌와 책을 몇 가지 추천해주었고, 그녀는 수업을 듣고 책을 읽었다.

주변 사람들에게 구체적으로 도움을 요청하라. 당신을 도울 수 있는 게 무엇인지 아는 사람이 분명 있을 것이다.

어려운 일을 어떻게 해내야 할지 정확하고 올바른 답을 모른다고 해서 큰일이 나는 게 아니다. 당신이 자발적으로 해결하고자 하는 의지가 있다는 사실, 사람들과 깊은 인간관계를 맺고 싶다는 사실을 주변에 알리기만 하면 된다. 당신에게 부족한 점을 채워줄 수 있는 사람들과 관계를 맺고 있다면, 그 사람들과 함께하라. 꼭 혼자서 어려운 문제를 해결하려 들지 않아도 된다.

질문을 준비하라

대화를 시작하는 데 도움이 될 질문들을 사전에 충분히 생각하라. 8장 '내향형 리더의 커뮤니케이션'에서 소개하겠지만, 올바른 질문은 올바른 정보를 끌어낸다. 그리고 이는 인간관계에서도 똑같이 적용된다. "오늘 행사는 무엇 때문에 온 건가요?" "당신이 하는 일에서 가장 재미있는 부분은 뭔가요?" "지금 어떤 프로젝트를 진행하시나요?" "당신 직무에서 가장 힘든 일은 뭐예요?" 같은 열린 질문을 하라. 그러면 흥미롭고 유익한 대화가 시작될 것이다.

SNS 전략을 세워라

SNS는 내향인에게 실제로 많은 도움이 된다. 온라인 네트워크와 커뮤니티에서의 소통은 바로 반응하는 대신 아이디어를 생각하고, 그 아이디어를 글로 표현할 시간을 확보할 수 있으며, 새로운 사람들과 좀 더 쉽게 관계를 맺을 수 있다.

최근 연구에 따르면, 미국의 채용 사이트 글래스도어^{Glassdoor}에서 직원들이 꼽은 상위 50퍼센트의 CEO 중 75퍼센트 이상이 SNS 활동을 하고 있다. 그리고 상위 25명의 CEO가 하위 50퍼센트의 순위를 차지한 CEO들보다 SNS활동을 활발하게 했다. 이 리더들은 SNS를 이용해 회사 문화를 공유하고, 직원들을 조명하며, 개인의 관심사를 공유하고, 더욱 투명하게 운영하기 위한 노력을 선보인다.[48] 당신은 SNS를 이용해 어떤 정보를 공유할 것인가?

SNS의 장점은 자신이 언제, 어떻게, 무엇을 사람들과 나눌지 정할 수 있다는 점이다. 또, 사람들과 그가 속한 조직에 관해 알 수 있는 창구가 될 수도 있다. 직접 대면하기 전에 SNS로 충분한 배경 정보를 얻으면 유의미한 질문을 건넬 수 있고, 자신감 또한 높아진다.

기업가 대니얼은 "우리 영업팀에는 극도로 내향적인 직원이 두 명 있습니다"라고 말했다. "두 사람은 고객들과 개인적으로 접촉하기 전에 미리 온화한 관계를 맺어두는 수단으로 SNS를 활용합니다." 이렇게 SNS상에서 관계를 맺는 일은 네트워킹 전략이 될 수 있다. 그렇다 해도 SNS가 대면 접촉을 완전히 대체할 수 없다는 점은 꼭 염두에 두어야 한다.

자신의 필요에 맞는 효율적인 SNS 플랫폼을 정하라. 그것은 당신이 만나야 하는 사람들이 어디에 존재하느냐에 따라 결정된다. 꼭 외향인을 따라 할 필요는 없다.

SNS 전문가들은 어떤 SNS를 선택하든 게시물을 꾸준히 올리는 것이 관건이라고 말한다. 하루에 10분씩 SNS 게시물을 작성하고 관리하다 보면, 자신에게 가장 적합한 간격과 프로세스를 찾을 수 있을 것이다. 가장 중요한 점은 SNS로 새로운 관계를 만들어나가면서 당신의 세계가 확장된다는 사실이다. 꾸준한 활동이 이득을 안겨주고, 그럼으로써 꾸준히 활동할 동기가 생긴다.

존재감 드러내기

다음은 네트워킹을 할 때 존재감을 드러내는 방법들이다.

- 경청하라.
- 다른 표현으로 다시 말하라.
- 관찰하고 판단하라.
- 영양가 있는 대화를 나눠라.
- 공통점을 찾아라.
- 당신이 하는 일로 관심을 끌어라.

이러한 방법들을 어떻게 실천할 수 있는지 하나하나 자세히 살펴보자.

경청하라

"다른 사람들이 당신에게 관심을 가지도록 애쓰는 2년보다 당신이 다른 사람들에게 관심을 가지는 두 달 동안 더 많은 친구를 사귈 수 있다"라고 데일 카네기Dale Carnegie는 말했다. 내가 연구한 바에 따르면, 성공한 내향인은 종종 여러 주제를 두고 짧게 대화하기보다는 일대일로 깊이 있고 오래 대화를 나누는 경향이 있었다.[49] 또, 여러 사람의 말을 폭넓게 들어주기보다는 한 사람의 말을 깊이 있게 경청하는 태도가 상대에게 조용하지만 더 효과적으로 영향을 미쳤다.

깊이 있게 경청함으로써 신뢰를 쌓아라. 그러면 서로에게 실질적인 도움을 줄 수 있는 관계를 확보할 수 있을 것이다.

다른 표현으로 다시 말하라

들은 말을 다른 표현으로 바꿔 말하는 것 역시 강력한 네트워킹 기술이다. 이른바 '패러프레이징paraphrasing'은 누군가가 한 말을 당신 방식으로 해석해 그들에게 되돌려줌으로써 감정을 불러일으키는 기술이다. 동시에 당신은 상대가 어떤 말을 하고 싶었는지를 이해하고, 그 의미를 확인할 수 있다. 상대 또한 자기 생각을 명확히 할 수 있다. 상대의 말뜻을 확인하고, 당신이 경청하고 있으며 그 말을 이해했다는 사실을 상대에게 알리는 것이다.

이 기술은 특정 상황에서 매우 유용하다. 패러프레이징은 대화를 계속 끌고 나가는 방법이다. 다음에 무슨 말을 해야 할지 몰라 말문이 막힐 때, 상대방의 말을 생각하고 의미를 확인하는 패러프레이징이 대화의 흐름을 이어나갈 시간을 벌어주기 때문이다.

패러프레이징을 하면, 상대는 당신이 자기 말을 제대로 이해했음을 확인시켜주거나, 혹은 자신이 전달하려는 메시지를 더 명확히 하려고 할 것이다. 그러면 당신은 빨리 대답해야 한다는 압박에 시달리지 않고 다음에 할 말이나 질문을 생각할 수 있다. 내향인이라면 외향인에게 빨리 대답을 해줘야 한다는 압박감을 덜 수 있다.

패러프레이징의 이점이 또 하나 있다. 바로 내향인을 상대로 대화를 이끌어야 할 것 같다고 느끼는 외향인의 부담을 덜어준다는 점이다. 패러프레이징은 대화가 고르게 분산되게 해준다.

관찰하고 판단하라

내향인은 관찰력이 예리한 경향이 있다. 이 재능은 네트워킹에 엄청난 이점이 된다. 내 동료 노라는 동네 체육관의 인터벌 트레이닝 프로그램을 다니고 있는데, 같이 수업을 받는 한 회원이 수업이 끝난 뒤 그녀에게 자기 사업 이야기를 했다. 노라는 그가 자신의 장비를 사용하고 난 뒤 청소를 하지 않고 내버려두는 것을 보았다. 수업 중에 보인 그의 행동을 토대로 그녀는 그의 사업에 참여하지 않기로 했다. 그의 행동을 관찰한 결과, 그녀는 그를 지인들에게 소개하면 자신의 평판이 나빠질 거라고 판단했다.

영양가 있는 대화를 나눠라

잡담이 아닌 주제가 있는 실질적인 대화는 네트워크 형성을 이끈다. 어느 정도 잡담(이를 테면 날씨 이야기 등)에서부터 대화가 시작되어 본론으로 이어지는 게 보통의 대화이지만, 주제와 관련된 이야기로 넘어갈 기회를 빠르게 잡는 게 중요하다. 이를 통해 당신의 관점을 전달하고, 상대의 관점을 파악할 기회를 얻을 수 있을 것이다.

언젠가 내가 애틀랜타 인근을 강타한 토네이도 이야기를 하는데, 대화 상대방이 자기 경험을 상세하게 이야기해준 적이 있었다. 우리 둘 모두 해당 지역이 입은 피해 상황을 안타까워했다. 그러다 CNN 센터에 관한 논의로 이야기가 전환되었고, 나는 내 고객사 중 한 곳인 터너 방송국이 토네이도에 영향을 받은 이야기를 꺼냈다. 상대방은 터너 방송국과 관련된 자신의 경험을 털어놓으며 이야기를 받았고, 그러면서 우리는 서로가 몇몇 주제에 공통된 관점을 지녔음을 알게 되었다. 날씨 이야기에서 시작한 사소한 대화가 우리에게 중요한 주제에 관한 이야기로 넘어간 것이다.

공통점을 찾아라

내가 인터뷰했던 내향인 인사 담당자는 이렇게 말했다. "우리는 늘 대화를 시작할 때 공통점을 찾아서 거기에 기반해 이야기를 끌고 나가려고 하지요. 그렇게 하면 상대가 자기 이야기를 더 많이 털어놓게 돼요."

날씨나 스포츠, 영화 혹은 고향 같은 말거리들로 공통점을 찾을 수 있다. 때로는 차이점이 네트워킹에 도움이 되기도 한다. 이를테면 스쿠버다이빙을 배운 사람에게 "전 한 번도 스쿠버다이빙을 해본 적이 없어요. 배우기 어렵지 않나요?"라고 질문할 수 있다.

당신이 하는 일로 관심을 끌어라

"무슨 일을 하세요?"라는 질문은 필연적으로 나오게 되어 있다. 당신 혼자서 장황하게 연설하며 대화를 시작하기보다는 상대의 흥미를 유발하는 질문, 대화에 상대를 끌어들이는 초청형 질문을 건네보라. 대화에 상대가 더 많이 참여할수록 서로에 대해 더 잘 알게 될 것이다.

당신이 병원의 고객서비스 팀장이라고 해보자. 지역 모임에서 당신은 이런 질문을 할 수 있을 것이다. "당신이나 지인 혹은 가족이 저희 병원에 오신 적 있나요?" 그렇다는 대답이 돌아오면, "저는 당신과 당신이 사랑하는 사람들이 최상의 서비스를 받을 수 있도록 병원 시스템과 직원들을 관리하고 있답니다"라고 말할 수 있다.

사례를 들어서 질문에 답할 수도 있다. 이를테면 "온라인에서 제품을 주문한 적이 있나요?"라고 당신이 질문하고 상대방이 긍정의 대답을 한다면, 이렇게 대화를 이어갈 수 있다. "저는 관리자로서 저희 상품이 고객들에게 이른 시간 안에, 완벽한 상태로 배송될 수 있도록 관리합니다. 한번은 어떤 고객이 갑자기 주문량을 크게 늘렸는데, 저는 공장 관리자와 함께 임시 스태프를 꾸려서 고객이 원하는 시간에 맞춰 변경된 주문을 처리했지요. 다행히 제품을 하루 일찍 배송할 수 있었고, 고객은 크게 기뻐했습니다."

당신이라면 어떤 질문, 혹은 어떤 대답을 할 수 있을까?

밀어붙이기

네트워킹 상황에서 내향형 리더를 안전지대 밖으로 나올 수 있게 하는 방법이 몇 가지 있다. 이 새로운 기술들을 꾸준히 연습하라. 처음에는 불편할 수 있지만, 시간이 흐를수록 익숙해질 것이다. 이 기술들로 사회생활 근육을 강화하면 사람들과 더 깊고 강한 관계를 맺을 수 있다.

네트워킹 상황에서 당신을 밀어붙이는 방법들을 소개한다.

- 휴대전화를 치워라.
- 다른 사람을 소개하라.
- 대화 분위기를 주도하라.
- 이름을 외우고, 알려라.
- 편한 장소로 약속을 잡아라.
- 필요하다면 자리에서 일어나라.
- 휴식할 장소를 확보하라.
- 자발성을 키워라.

휴대전화를 치워라

어딘가에 줄을 서서 기다리는 상황이라면 휴대전화에 코를 박고 있지 말고 옆 사람과 대화를 나눠라. 이런 말을 건네볼 수 있을 것이다. "오늘 날씨가 좋네요." 비행기에 탑승한 상황이라면 "어디로 가세요?" 같은 질문을 할 수 있을 것이다. 8장 '내향형 리더의 커뮤니케이션'에서 낯선 사람과 선택적으로 대화를 나누는 방법을 좀 더 상세히 소개하겠다.

다른 사람을 소개하라

모임에서 대화 중인 상대방을 근처에 있는 다른 사람에게 소개하라. 잘 모르는 사람이라도 상관없다. 그냥 "안녕하세요" 하고 인사하고, 각자 앞에 놓인 이름표를 보고 이름을 언급하면 된다. 일단 대화가 시작되면 당신은 슬그머니 빠져나와 잠시 휴식을 취할 수도 있고, 계속 어울릴 수도 있다.

대화 분위기를 주도하라

공적인 자리에서 식사할 때는 '원탁회의형 대화'를 나누는게 좋다. 한 사람 한 사람에게 2분간 지금 어떤 일을 하고 있는지, 필요한 것은 무엇인지를 이야기하자고 제안하라. 아이디어를 주고받으면서 자연스럽게 네트워킹이 이뤄질 것이다. 사람들을 서로 소개해주고, 당신은 자리를 뜰 수도 있다.

이름을 외우고, 알려라

새로 만난 사람들의 이름을 적어도 다섯 번 정도 입으로 소리 내어 반복해 말하라. 그러면 이름을 외울 수 있을 것이다. 사람들에게 당신의 이름을 기억에 남을 만한 방식으로 알려주는 것도 중요하다. 이를테면, 이런 식으로 말이다. "제 이름은 셰리예요. 마시는 셰리주와 이름이 같죠."

편한 장소로 약속을 잡아라

내향형인 당신이 편안함을 느낄 수 있는 장소에서 약속을 잡아라. 조용한 음악이 흐르는 카페나 시끄럽지 않은 레스토랑 같은 곳들 말이다.

필요하다면 자리에서 일어나라

모임이나 행사에 참석했다가 지쳐서 자리를 뜨고 싶을 때가 있을 것이다. 그럴때는 그곳에 사람들을 만나기 위해 왔다는 사실을 상기하라. 당장 조금이라도 쉬고 싶다면, 사람들에게 잠시 자리를 비우고 오겠다고 말하는 것도 괜찮다.

휴식할 장소를 확보하라

인맥을 맺을 수 있는 모임이나 행사에 갔을 때, 당신이 잠시 휴식을 취하고 재충전할 장소를 찾아두어라. 화장실이나 조용한 복도 한편, 계단참 등도 좋다.

자발성을 키워라

공적인 모임이나 회의 사이사이에, 도움을 줄 일이 있는지 사람들에게 먼저 물어라. 그러면 무엇이든 목표가 생길 것이다. 그러면서 조직 내 사람들과 더 끈끈하게 연결될 것이며, 다른 사람들은 당신에게 어떤 능력이 있는지 알게 될 것이다.

연습

밀어붙이기 단계를 실행하면 네트워킹 기술이 좋아지는 것을 느낄 수 있을 것이다. 그러면 이제는 계속 연습을 해나갈 차례다. 다음과 같은 방법들을 권한다.

- 네트워크에 먹이를 공급하라.
- 후속 조치를 하라.

네트워크에 먹이를 공급하라

네트워킹은 하룻밤 사이에 이뤄지지 않는다. 관계를 맺는 데는 많은 시간과 관심, 지속적인 연락이 필요하다. SNS를 활용해 지인들의 생일을 알아내고 기념일을 챙겨라. 그들이 흥미로워할 만한 혹은 그들의 업무와 관련된 기사나 링크가 있으면 공유하라.

내가 아는 내향형 리더 몇몇은 한동안 만나지 못한 동료들에게 손편지를 써서 보내며 꾸준히 연락한다. 직업적으로든, 개인적으로든 아는 사람들과 매달 한 번씩 얼굴을 보거나 전화를 걸어서 관계를 유지해나가는 것 역시 좋은 방법이다.

관계에 계속 관심을 가지고 먹이를 공급하는 것은 목표를 달성하는 데 중요한 요소다. 내향인인 당신은 이미 세심한 경청 능력, 날카로운 관찰력, 주의 깊은 계획성을 갖추고 있다. 이러한 재능들을 활용해 네트워크를 관리하라. 그러면 언젠가 네트워크가 당신이 원하는 일을 이루는 힘이 되어줄 것이다.

후속 조치를 하라

네트워킹을 잘하는 사람들은 관계를 맺는 과정에서 가장 중요한 단계가 '사람을 만나는 일'이 아님을 안다. 가장 중요한 단계는 후속 조치다. 내향인으로서 지닌 주의 깊은 계획성을 활용해 행사 혹은 SNS에서 만났던 사람들과 가장 잘 소통할 방법을 개발하라.

당신이 만나는 사람이 웹사이트, 책, 앱 등 무언가를 공유하면, 그 내용을 확인하고 당신의 생각을 알려주어라. 누군가와 점심 식사를 같이하기로 했다면, 즉시 언제 어디에서 만날지 약속을 정하고, 약속을 지켜라. 행사에서 누군가를 소개받는다면 그 일에 감사를 표하고, 그 만남이 당신에게 어떤 기회를 주었는지 주선자에게 알려라. 만남이 마무리될 때 주선자는 당신을 위해 그곳에 있어서 다행이라고 생각하게 될 것이다.

이 장에서 소개한 네트워킹 전략 몇 가지를 시도해보고, 무엇이 효과적이고 무엇이 적절하지 않았는지 시간을 들여 생각해봐야 한다. 깨달은 바가 있다면 그것을 바탕으로 수정해나가라. 4장에서 언급했던, 팀원과 프로젝트를 이끄는 법에 관한 아이디어를 이 장에서 좀 더 자세히 살펴보았다. 네트워킹 기술을 꾸준히 연마하고 계발한다면, 내향형 리더로서 당신의 강점들 역시 두각을 드러낼 것이다.

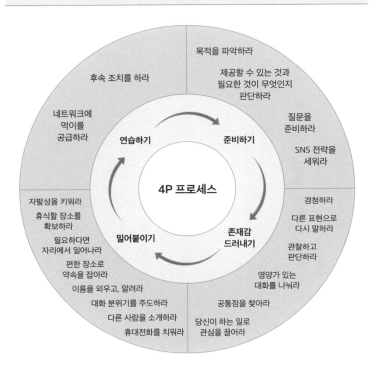

QUIET LEADERSHIP

8장

내향형 리더의
커뮤니케이션

경험 많은 토목기사 대니엘은 어느 날 마을 건너편에 일자리가 있다는 전화를 받았다. 그녀는 픽업트럭을 끌고 공사 현장으로 가서 현장감독 밥에게 커피를 한잔 마시자고 청했다. 밥은 대니엘을 존경하고 있었기 때문에 둘은 함께 농담을 주고받고 직장 이야기도 하며 서로에게 편안함을 느꼈다. 그녀는 밥과 함께 고속도로를 달리면서 최근 납품이 늦어졌던 하청업체 문제를 의논했다. 30분 후 밥을 다시 공사 현장에 내려줄 때쯤, 두 사람은 공급업체가 책임을 지게 하는 계획을 마련했다.

비공식적인 자리에서 업무에 관해 생산적인 대화를 나눈 적이 있는가? 꼭 픽업트럭이 아니더라도 비공식적이고 체계적이지 않은 자리에서 질문을 하고 이야기를 듣는 것이 더 쉬웠던 경험을 한 번씩 해보았을 것이다. 비공식적인 자리는 내향인을 편안하게 만들고 대화 스트레스를 낮춰준다. 이미 유대가 확립된 사람이라면 대화가 훨씬 더 자연스럽게 이뤄질 것이다.

성공한 내향형 리더는 일대일로 만나길 선호하는 자신의 성향을 잘 활용한다. 이 장에서는 내향형 리더가 자신의 강점을 발휘해 성과를 올리고 결과를 만드는 커뮤니케이션을 하는 방법을 소개하겠다.

준비

내향형 리더의 타고난 준비성은 커뮤니케이션 상황에서 큰 성공을 이끌 수 있다. 내향형 리더는 개인적인 만남이든, 전화든, 회의 석상이든 상호작용의 목표에 대해 시간을 가지고 깊이 생각하며 준비한다. 결과를 만들고 성과를 올리는 커뮤니케이션을 준비할 때 고려할 사항 몇 가지를 소개한다.

- 영향력을 늘려라.
- 대화 시나리오를 써라.
- 좋은 질문을 하라.
- 생산적인 코칭 계획을 세워라.

영향력을 늘려라

내향형 리더는 계획을 세우기 전에 상황을 분석한다. 이는 사람들에게 영향력을 발휘할 때 큰 도움이 된다. 이를테면, 부드러운 말투를 지닌 대형 회계법인의 IT 프로젝트 관리자 마크가 빠진 딜레마 상황을 살펴보자 그는 회의 전에 참석을 요청하는 이메일을 보냈고, 메일을 받은 사람들이 모두 회의에 참석할 것이라 생각했다. 그런데 세 번의 회의 자리에 매번 메일을 받은 사람 중 절반만 참석하는 일이 벌어졌다. 모든 팀원이 참석하지 않은 상태에서 의사결정을 내릴 수는 없었고, 따라서 얼마 지나지 않아 프로젝트가 일정보다 지연되는 상황이 벌어졌다.

나는 마크와 대화를 나누면서 그가 프로젝트를 시작할 때 팀원들에게 프로젝트의 범위를 설명하지 않았다는 사실을 알게 되었다. 그래서 팀원들의 헌신도가 떨어진 것이다. 그는 팀원들이 해당 프로젝트가 팀원 각자에게, 혹은 소속 부서나 회사에 주는 이득을 이해하고 있을 거라 착각했다. 나와 함께 상황을 되짚어보면서 마크는 팀원 각자의 참여가 왜 중요한지를 팀원들에게 제대로 전달하지 못했음을 깨달았다. 각자의 헌신을 명시적으로 요구하지도 않았다. 자신에게 이득이 없는데, 마크가 기본이라고 생각하는 회의를 팀원들이 우선시할 이유가 있을까? 당연히 없다!

팀원들의 회의 참여를 방해하는 요인이 무엇인지 알았더라면, 마크는 팀원들의 회의 참여를 더 잘 이끌 수 있었을 것이다. 그는 자신의 안전지대에서 나오기로 했다. 팀원들이 스스로 프로젝트에 기여하는 바를 얼마나 인지하고 있는지 알기 위해 각각 대화를 나눠보기로 한 것이다. 그는 집중력과 일대일 대화라는 내향인의 강점을 토대로 문제 해결에 나섰다.

팀원들과 관계를 구축하는 데 시간을 투자하자 상당한 성과를 거두었다. 그는 팀원들과의 밀고 당기기를 더 잘하게 되었고, 팀원들이 프로젝트에 막대한 이득을 가져올 수 있는 기술을 갖고 있다는 사실도 알게 되었다. 호기심 많은 경청자로서 그는 팀원 여덟 명 모두의 존경을 얻었다. 그는 모든 팀원을 한 사람 한 사람 만나는 데 시간을 투자했고, 이해관계자 분석 도구를 사용해 현 상황을 정확히 파악했다(181쪽을 참고하라). 그러자 그다음 회의에는 팀원 전원이 참석했다!

대화 시나리오를 써라

당신이 모르는 낯선 외국어로 말하는 사람과 대화를 해본 적이 있는가? 그런 경험이 있다면, 그 나라의 언어로 된 기초 회화 몇 문장을 익히려고 시도해보았을 것이다. 화장실이 어디냐는 표현 정도는 찾아본 적 있지 않은가? 당신이 그 나라 언어로 말을 건넸을 때 상대방이 미소만 짓거나 영어로 대답한다고 해도, 분위기를 푸는 데는 분명 큰 도움이 될 것이다.

대화를 시작하는 것 자체가 힘겨운 내향형 리더라면, 편하고 쉽게 대화를 시작하는 문장을 미리 준비해두면 좋다. 7장에서 언급했듯이, 대화를 시작하는 문장 몇 가지를 마련해두면 비공식적인 대화나 좀 더 깊이 있는 이야기를 나누기가 수월해진다. 핵심 대화 주제를 미리 생각해두면 더 편안한 마음으로 즉흥적인 대화를 이어갈 수 있을 것이다. 회의도 미리 준비하면 목표 달성률이 높아지듯이, 자주 사용하는 질문과 문장 몇

이해관계자 분석 도구

프로젝트에 어떤 종류의 지원이 필요한지, 자신이 얼마나 지원을 받고 있는지 생각하라. 상황을 체계적으로 바라보는 시각이 더 나은 이해로 이어질 수 있다. 마크는 이해관계자 분석이라는 도구를 이용해 더욱 명확한 그림을 얻어낸다. 그가 사용하는 방법은 다음과 같다.

마크는 각각의 이해관계자와의 대화를 토대로 프로젝트에 대한 각자의 이해, 자기 몫을 수행할 가능성, 그들이 마주칠 장애, 프로젝트 기여도를 판단한다. 대화를 나눈 후 그는 1점(낮음)에서 5점(높음)까지 점수를 매긴다. 이 점수는 그가 어떤 리더십을 발휘할지, 어떤 커뮤니케이션 전략을 사용할지 결정하는 데 기준이 되고, 각각의 팀원과 계획을 세울 근거가 된다.

이해관계자 분석표(예시)				
	1	2	3	4	5
웨이			✓		
카					✓
조		✓			
미아				✓	
하	✓				

위의 이해관계자 분석표를 토대로 살펴본다면, 웨이에게는 구체적으로 질문을 던지며 정기적으로 진행 상황을 확인해야 한다. 반대로 카는 중간 점검을 웨이보다는 적게 해도 괜찮다. 이렇게 계획을 마련하는 것은 내향인의 분석·계획적 성향에 딱 들어맞으며, 프로젝트 과정에서 문제를 줄여나갈 수 있다.

가지를 준비해두면 즉석에서 대화하는 상황에서도 평온함을 유지할 수 있다.

① 할 말의 우선순위 정하기

『성과 요인』의 저자 진 그리스먼 박사는 "내향인들은 말을 많이 하지 않는다. 그들이 무언가를 말한다 해도 얼마 안 가 방해를 받고 말을 멈추게 된다"라고 썼다. 내향인은 에너지 넘치고 자기 아이디어를 말하고 싶어 마음이 급한 외향인의 방해를 받곤 한다. 이때 내향인이 효과적으로 사용할 수 있는 멋진 기술이 있다.[50]

진 그리스먼은 할 말의 가짓수를 정해두는 방법을 쓴다. 이를테면 대화에 끼어들 만한 상황이 오면 이렇게 말하는 것이다. "톰의 제안에 정말 동의해요. 몇 가지는요. 그런데 세 가지만 물어도 될까요?"(혹은 "두 가지만 물어도 될까요" "제가 본 바에 따르면……"이라고 말할 수도 있다) 질문 혹은 의견의 가짓수를 공유하면 "대부분의 상황에서 할 말을 다 할 수 있게 된다"라고 진 그리스먼은 말한다. 나는 진이 이 기술을 사용하는 것을 실제로 봤는데, 그가 자신이 생각하는 핵심 내용 몇 가지를 말하는 동안 사람들은 끝까지 주의 깊게 경청했다.

② 약속 시간 전에 숨을 고르기

약속한 시간이 되기 전에 준비할 시간을 가지는 것은 생산적인 커뮤니케이션을 위한 효율적인 방법이다. 약속 사이에 잠시 쉬는 시간을 확보하는 것도 좋다. 휴게실에 가서 10분 정도 호흡을 고르고 생각할 시간을 가져라. 그러면 다음에 해야 할 일의 목적과 자신이 원하는 결과를 되새길 수 있다.

비즈니스에 들어가기 전에 잠시 분위기를 풀어야 할 필요가 있다면, 당신 삶에서 어떤 새로운 일이 있었는지 메모해보자. 대화할 상대에 관한 개인적인 정보를 기억에서 끄집어내도 좋다. 일전에 그 사람과 대화했을 때 어떤 이야기를 들었는지 말하면 쉽게 유대감을 쌓을 수 있다.

내향인 막신은 프로젝트를 수행할 때 자신이 능력을 발휘할 수 있도록 도와준 상사에게 감사해했다. 상사는 막신이 회의 전에 관련 서류들을 훑어보고, 어떤 말을 하고 어떤 대응을 할지 생각하게 이끌어주었다. 세 가지 제안을 준비하게 함으로써 회의를 완벽히 대비할 수 있게 한 것이다. 막신은 이러한 사전 작업이 준비성이라는 자신의 강점을 발휘해 프로젝트에 크게 기여할 수 있게 해주었다고 말한다. 막신을 도와준 상사 또한 내향인이다.

좋은 질문을 하라

질문은 성공적인 커뮤니케이션을 위한 필수 수단이다. 훌륭한 질문은 상대방이 당신에게 집중하게 만든다. 나아가 좋은 결정을 내리는 데 필요한 정보를 얻어낼 수 있는 가장 좋은 방법이기도 하다.

거대 미디어 그룹의 CFO 라비는 준비된 질문이 얼마나 중요한지를 힘겹게 배웠다. 그는 보통 회의 전에 질문지를 정리한다. 기억을 떠올리고, 회의의 목적을 달성하는 데 도움이 되기 때문이다. 그런데 한번은 중요한 전략 계획 회의를 하던 도중 질문지에 손을 뻗었는데, 그만 집에 그것을 두고 왔다는 사실을 깨달았다. 준비된 질문지 없이 라비는 회의장 한가운데 던져졌고, 자신감을 잃었다. 이제 그는 휴대폰을 비롯한 여러 기기에 질문을 저장해둔다. 질문지는 그가 회의에 더 가치 있는 기여를 할 수 있게 해주는 도구다.

생산적인 코칭 계획을 세워라

사전에 준비된 질문지는 리더가 직원들을 코칭할 때도 필수다. 리더의 중요한 역할 중 하나는 자발적으로 혹은 좀 더 공식적으로 토론을 이끌어내고, 모인 사람들이 더 나은 성과를 낼 기회를 만들어주는 것이다. 사전에 계획된 깊이 있는 일대일 대화는 내향형 리더의 강점이다.

올바른 질문은 자기 인식을 촉진하고, 사람들이 문제의 해결책을 스스로 찾게 돕고, 개인의 발전을 이끈다. '그로GROW' 기법은 대중적이고 유용한 코칭 방식 중 하나인데, 스스로 해결책을 찾을 수 있게 도와주는 4단계를 말한다. 내가 코칭한 많은 내향인은 그로 기법이 정말 유용했다고 말한다.

- 목표Goal: 주제 혹은 문제를 명확히 규정하기.
- 현실 판단Reality: 상황을 설명하기.
- 선택지Options: 가능한 해결책들이 무엇인지 알아보기.
- 의지Will: 계획 실행하기.

위의 네 단계에 초점을 맞춘 질문들을 준비하면 코칭 과정을 더 효율적으로 진행할 수 있다. 아래는 그로 기법을 활용하는 데 필요한 질문들의 예시다.

① 목표

- 무엇이 문제 혹은 안건이라고 생각하는가?
- 지금 가장 중요한 문제(혹은 안건)는 무엇인가?
- 어떤 변화가 필요할까?
- 당신이 얻을 결과는 무엇일까?

② 현실 판단

- 실행 단계들 중 현재 시행한 것은 무엇인가?
- 어떤 장애물을 넘어야 하는가?
- 어떤 자원을 가지고 있는가?
- 필요한 자원은 무엇인가?

③ 선택지

- 다른 방법으로 문제에 접근할 수 있는가?

- 그 밖에 무엇을 할 수 있는가?
- 각 선택지의 장단점은 무엇인가?
- 내 제안을 들을 의사가 있는가?

④ 의지
- 지금 실행 가능한 선택지는 무엇인가?
- 첫 번째 실행 단계는 무엇인가?
- 그 조치를 취하기 위해 당신은 얼마나 헌신할 수 있는가?(1점부터 10점까지 점수를 매겨라)
- 목표에 도달하기 위해 내가 어떤 도움을 줄 수 있을까?

다음에 당신에게 팀원, 동료, 고객 등을 코칭할 기회가 생긴다면 이러한 질문들을 활용해보라. 당신 자신만의 질문지를 만들어도 좋다. 당신에게 무엇이 효과적인지 알아야 한다.

존재감 드러내기

일단 준비가 되면 내향형 리더는 존재감을 드러내야 할 상황에서 탁월한 커뮤니케이션 기술을 발휘한다.

- 어떤 결과를 기대하는지 알려라.
- 의견을 구하라.

• 적절한 의사소통 수단을 찾아라.

어떤 결과를 기대하는지 알려라

몇 년 전 내가 참여했던 자원봉사 프로젝트는 어떤 결과를 기대하는지 명확하게 소통하는 것이 얼마나 중요한지를 보여주었다. 지역 단체를 위한 자기계발 워크숍을 만드는 프로젝트였는데, 리더가 목표와 역할을 제대로 규정하지 못해서 일이 잘 진행되지 않았다. 팀원들은 수차례 프로젝트의 방향성이 무엇인지 질문했지만 명확한 대답을 듣지 못했다. 분명한 목표와 방향성 없이, 즉 어떤 결과가 나와야 할지에 대한 일관적인 비전 없이 조직위원들은 개별적으로 일을 수행했다. 그 결과 우리가 기획한 워크숍은 희망 인원을 다 채우지 못했고, 예상 수익을 달성하지도 못했다. 그리 놀랍지 않은 결과였다.

리더는 기대를 명확하게 설정함으로써 프로젝트의 성공을 이끌 수 있어야 한다. 구성원들에게 그들이 어디로 향하는지(목적지), 어디로 가고 있는지(방향성), 어디에 시간을 투자해야 하는지를 알려줘야 한다. 우선 순위를 명확히 하라.

내향형 리더는 계획을 짜는 데 능숙하다. 일의 방향과 비전, 임무, 목표를 명확하게 소통함으로써 프로젝트의 시작부터 끝까지 진행 과정 내내 뛰어난 성과를 얻을 수 있다.

글로 쓰는 커뮤니케이션은 내향인이 가장 편안해하는 소통 방식이다. 글은 앞에 나가서 말로 표현해야 하는 부담감을 줄

여준다. 명료한 가이드라인을 알리는 이메일은 강력하고, 시간과 생산성 면에서 효율이 높다.

유트는 비영리 기관에서 행정 관리자로 일하고 있다. 그녀는 프로젝트를 진행하는 동안 팀원들과 꾸준히 소통할 수 있도록 워크시트를 하나 만들었다. 워크시트에는 프로젝트명, 목표 날짜, 업무 목록, 참여자들, 팀원별 마감일 등이 정리되어 있다. 유트는 워크시트를 이메일로 보내 답변을 받고, 수정·편집하고, 칭찬과 독려의 말을 담아 피드백을 해준다.

의견을 구하라

뛰어난 리더는 성공이 그 일을 하는 사람들의 동의를 얻는데 달려 있음을 안다. 앞서 이해관계자 분석에서 설명했듯이 구성원들로부터 의견을 받는 일은 매우 중요하다.

내향형 관리자인 에리카는 내향적인 성향이 있는 팀원들의 관점을 얻는 것, 즉 포용의 중요성을 잘 안다. 그녀는 언제나 팀원들의 이름을 부르면서 그들의 관점을 묻는다. 그렇게 팀원들이 마음속으로만 간직한 멋진 아이디어를 놓치지 않으려고 한다.

대형 은행에서 근무하는 내향형 리더 캐시는 대개 먼저 이메일로 팀원들과 아이디어를 공유한 뒤, 일대일 만남을 가져서 질문하고 의견을 구한다. 사람들은 자기 의견이 중요하다는 점을 알게 되면 프로젝트에 더욱 헌신하는 경향이 있다. 이런 방식은 팀원들로부터 호감을 살 뿐만 아니라, 다양한 의견들로 기존 아이디어를 더 탄탄하게 만들 수 있다고 그녀는 말한다.

적절한 의사소통 수단을 찾아라

언젠가 나는 이메일로 해고 통보를 받은 사람들에 관한 기사를 쓰던 기자로부터 연락을 받은 적이 있다. 놀랍게도 그런 식의 해고는 심심찮게 일어났다. 힘든 소식을 전할 때는 최소한 전화 통화나 얼굴을 맞대고 이야기하는 것이 더 적절한 방법으로 보인다. 리더라면 자신이 의사소통하는 방법이 어떤지 평가해보고, 어떤 방법이 메시지를 전달하는 데 가장 효과적인지 판단해야 한다.

내향형 리더들은 의사소통을 어떤 시각으로 바라보고 있을까? 2017년 우리 회사는 이를 알아보기 위해 설문 조사를 실시했다. 각기 다른 분야에서 일하는 40명의 내향형 리더를 설문한 결과, 응답자들은 메시지가 잘 전달되기 위해서는 정보와 전달 방식을 일치시키는 것이 필수라고 이야기했다.

각 커뮤니케이션 수단에 대한 내향인들의 시각을 알아보자.

① 이메일

내향인은 자료 전달, 약속 정하기, 기타 일상적인 정보 제공에 이메일이 가장 효과적인 수단이라고 말한다.

한 설문 조사 응답자는 다음과 같이 썼다. "이메일은 내가 할 일(팀원들에게 위임하기, 응답하기)을 덜어줌으로써 당면한 가장 중요한 문제에 집중할 수 있게 해줍니다. 그리고 대화를 할 때 수반되는 잡담을 줄여줘요."

다른 응답자는 이렇게 말했다. "이메일은 보내기 전에 내용을 잠시 검토하고 수정할 수 있습니다." 또 다른 사람은 이메일이 더 나은 소통을 할 수 있게 한다고 말했다. "업무에 전화 통화가 많이 사용되는 시절이었다면, 저는 여기까지 올 수 없었을 거예요. 이메일과 SNS는 글로 나 자신을 표현할 수 있게 해줍니다."

② 문자 메시지

내향인은 현장에서 계획을 세우고, 그 내용을 점검하는 데 답변을 빨리 받기 위해 문자 메시지를 사용한다. 단체 문자는 짧은 시간 안에 각기 다른 관점을 얻어내는 데 효율적인 방법이기도 하다. 이메일과 문자 메시지를 쓰면 내향인은 메시지를 명료하게 정리해 보낼 수 있는 시간을 충분히 확보할 수 있다. 한 응답자는 이렇게 말했다. "내게 문자는 최고의 동료예요. 빠르고 영리하게 대답할 수 있게 해주니까요. 전송 버튼을 누르기 전에 수정을 할 수 있어서 오타를 내거나 단어를 잘못 선택하는 위험도 줄여줘요. 전화 통화를 할 때보다 의사 전달이 잘못되거나 실패할 여지도 줄어들지요."

③ 전화

전화는 이메일이나 문자를 보완하는 훌륭한 수단이다. 전화 대화를 통해 업무 관계를 발전시키고 신뢰를 쌓을 수 있다. 당신의 목소리와 어조는 그 수단의 일부다. 언젠가 나는 우리 팀의 영업자이자 내향인인 제러드로부터 전화를 해달라는 음성 메시지를 받았다. 통화를 하면서 그는 어떤 예민한 고객에 관해 설명했고, 나는 그가 이 상황을 이메일로 설명했더라면 오해할 수 있었겠다고 느꼈다. 제러드가 전화를 커뮤니케이션 수단으로 선택한 덕분에 그에 대한 나의 평가는 올라갔고, 신뢰가 쌓였다.

집중력 있는 소통을 위해서는 전화 통화 역시 사전에 준비하는 게 좋다. 전화 통화를 준비하는 가장 대중적인 방법은 사전에 주의를 산만하게 하는 것들을 치우고, 질문지를 준비하고, 꼭 언급해야 할 문장을 마련해두는 것이다. 설문 응답자의 60퍼센트가 대화가 주제에서 벗어났을 때 다시 주제로 돌아가기 위해 준비해둔 문장을 사용한다고 대답했다.

④ 일대일 대면

중요한 소식을 전달하거나, 프로젝트를 시작하거나, 개별적으로 칭찬을 하거나, 해고를 통보하거나, 문제를 제기하는 등을 이야기할 때는 일대일로 얼굴을 맞대고 조율하는 것이 최선이다. 내향형 CEO 폴 잉글리시Paul English는 하루 종일 컴퓨터 앞에 앉아 있고 싶은 유혹을 느낀다. "하지만 제가 정말로 종일 사무실에 틀어박혀 있다면, 사무실에 에너지를 모두 **빼앗기고** 말 겁니다. 우리 직원들은 나와 만나고 싶어해요. 전자 기기로 에너지를 전달하는 것보다 직접 대면해 에너지를 전달하는 것이 훨씬 수월하죠."[51]

잉글리시는 아침 식사, 점심 식사, 저녁 식사 시간을 비워둔다. "마지막 순간 내가 한동안 만나지 못한 사람과 약속을 잡을 수도 있으니까요. 가끔은 의제를 가지고 만날 때도 있지만, 대부분은 그냥 친목을 도모하는 자리입니다. 인간적인 만남이 없다면 밋밋해질 뿐이죠."

설문 결과, 내향인들도 일대일 커뮤니케이션이 중요하다는 사실을 알고 있었다. 그럼에도 내향형 리더들은 이러한 소통 방식을 가장 선호하지 않는 것으로 나타났다. 전화 통화나 일대일 커뮤니케이션은 전체 커뮤니케이션 시간 가운데 7퍼센트 미만에 그쳤는데, 이에 비해 이메일은 67퍼센트, 문자 메시지는 27퍼센트에 달했다.

⑤ 소통에 선택적으로 대응하기

내향형 리더는 에너지를 보존하기 위해 자발적이고 직접적인 대화를 선별해서 응해야만 한다. TV 코미디 프로그램 〈커브 유어 앤수지애즘Curb Your Enthusiasm〉의 몇몇 에피소드를 보자. 내향형 코미디언 래리 데이비드Larry David는 몇 차례 뜻밖의 누군가를 만나 대화할 수밖에 없는 상황에 처할 때마다 한탄한다. 그는 이런 순간을 '멈추고 떠들기stop and chats' 상황이라고 칭한다.[52] 많은 내향인이 이와 비슷하다. 마음이 딴 데 가 있으면 잡담을 나누기가 힘들다. 과도한 잡담은 내향인의 에너지를 고갈시킨다. 많은 내향인이 불필요하다고 느끼는 과도한 대화를 계속 이어나갈지를 신중하게 결정한다고 말한다. 자신의 에너지와 상황에 근거해 타인에게 얼마만큼의 관심을 줄지를 결정하는 것이다.

⑥ 중요한 사람이라고 느끼게 하기

이 책 전반에 걸쳐 경청이 얼마나 중요한지 이야기하고 있다. 그 순간에 몰입하지 못하고 딴생각을 하기는 너무나 쉽다. 거대 화장품 제국의 창업자 메리 케이Mary Kay는 누구나 대화하는 중에는 중요한 사람이라는 느낌을 받아야 한다고 믿는다. 그래서 그녀는 상대의 목에 "내가 중요하다고 느끼게 해줘요"라고 쓴 큰 팻말이 걸려 있다고 상상하면서 대화한다.[53] 그리고 대화하는 내내 어떻게 하면 그 요구를 들어줄지 생각한다. 이렇게 시각적인 이미지를 상상하는 것이 도움이 될 수 있다.

밀어붙이기

강력한 커뮤니케이션 기술을 보유한 내향형 리더는 커뮤니케이션을 수월하게 하는 것처럼 보인다. 하지만 그들은 대사를 익히는 데 집중하는 배우들처럼, 자신의 안전지대 밖으로 스스로를 열심히 밀어붙이고 있다. 커뮤니케이션 능력을 강화하기 위해 안전지대 밖으로 자신을 밀어붙이는 방법 세 가지를 소개한다.

- 스타일을 유연하게 운용하라.
- 변화의 시기에는 더 긴밀히 소통하라.
- 목소리를 이용하라.

스타일을 유연하게 운용하라

내향형 리더에게 다양한 커뮤니케이션 방식을 계발하는 것은 과제이자 기회다. 좀 더 외향적으로 구는 것은 스스로 자연스럽지 않고 이질감을 느낄 수 있다. 마치 자신의 본성을 감추는 옷을 덧입는 것과 같다.

상대가 내향인이라면, 내향인인 당신과 유사한 언어로 말하기 때문에 커뮤니케이션 방법을 크게 바꾸지 않아도 된다. 하지만 내향인, 외향인 모두와 의사소통하려면 스타일에 변화가 필요하다. 물론 외향인 역시 내향인이 말할 때 끼어들지 않는 법을 배워야 한다. '내향적'인 말하기에서 '외향적'인 말하기로 스타일을 바꾸는 것은 의식적으로 익혀야 하며 노력이 필요하다. 자신과 정반대 성향으로 말하는 것은 자연스럽지 않고 어색하게 느껴질 것이다. 그러니 조용하게 에너지를 재충전할 휴식 시간을 사이사이에 마련하라. 쉴 시간이 있다는 사실을 떠

외향인과 커뮤니케이션하는 법

- 외향인은 자신의 아이디어를 크게 말하며 일하는 경향이 있으므로, 브레인스토밍을 시도할 수 있다.
- 때로는 외향인이 말할 때 끼어들 준비를 하라. 외향인은 끼어드는 것을 무례한 행동으로 여기지 않는다.
- 사생활을 건드리는 질문을 받으면 그저 당신이 편하게 알려줄 수 있는 정보만 주면 된다.
- 갑작스러운 질문을 받으면 생각할 시간이 필요하다고 대답하라.
- 간단하고 짧은 이메일이나 음성 메시지를 보낸 뒤, 추가로 요청이 올 때 직접 만나 자세한 내용을 설명하라.

내향인과 커뮤니케이션하는 법

- 회의에서든, 일상 대화에서든 속도를 늦추거나 잠시 멈추고, 내향인이 반응할 시간을 제공하라.
- 내향인은 홀로 생각할 시간이 필요하다. 재택근무 혹은 독립적인 사무실 공간을 지원하라.
- 회의 전에 핵심 내용을 이메일이나 문자 메시지로 보내서 미리 생각할 시간을 제공하라.
- 회의에서 모든 팀원이 균형 잡힌 참여를 할 수 있도록 독려하라. 당신의 발언 시간이 얼마나 되는지 점검하라.
- 만일 누군가가 말수가 적거나 입을 다물고 있다면, "무슨 문제 있나요?"라고 묻지 마라. 대부분 아무 문제가 없다. 그들은 그저 생각에 잠겨 있을 뿐이다.

올리는 것만으로도 스타일을 바꾸는 게 좀 더 편안해질 것이다. 195쪽의 표는 당신이 스타일을 바꾸는 기반을 다지는 데 도움이 될 것이다. 한 가지 혹은 두 가지 방식을 시도해보고 스스로를 안전지대 밖으로 밀어붙여라.

변화의 시기에는 더 긴밀히 소통하라

변화의 시기에는 리더가 팀원이나 이해관계자들과 더 자주, 명료한 커뮤니케이션을 하는 것이 중요하다. 질문을 하고, 우려에 귀를 기울이고, 새로운 방향성을 전달하는 일은 리더의 주요 역할이다. 이메일과 문자 메시지의 영향으로 대면 커뮤니케이션은 예전만큼 자주 일어나지 않는다. 내향인으로서 당신은 다양한 유형의 메시지를 전달하고, 의사소통 영역을 확장할 수 있는가?

① 준비하고 숙고하라

내향인이 지닌 꼼꼼한 준비성은 좋은 자질이다. 준비성에 사려 깊게 반응하는 자질을 더하면, 크게 스트레스받지 않고 안전지대 밖으로 나가 커뮤니케이션을 확장할 수 있다. 당신이 기대하는 바를 전달하고, (준비 단계에서 설명한 대로) 의견을 청함으로써 어려운 대화 상황을 준비하라. 커뮤니케이션과 관련한 설문에 응했던 한 리더는 이렇게 말했다. "나이키의 슬로건처럼 '그냥 하면 된다Just do it'. 어려운 대화는 결코 쉽지 않지만,

껍데기 안으로 들어가서 거북이처럼 굴면 해결되는 문제는 아무것도 없다."

② 프레젠테이션을 하라

프레젠테이션은 자신을 밀어붙이는 또 하나의 좋은 방법이다. "저는 제 전문 분야의 워크숍과 프레젠테이션을 진행합니다"라고 한 설문 응답자는 말했다. "제가 잘 아는 주제라면 좀더 자신감이 생기거든요. 참석자들이 질문하거나 정보를 더 요구해도 두렵지 않지요."

여러분은 5장에서 강력한 프레젠테이션을 준비하는 수많은 전략을 배웠다. 많은 사람 앞에서 이야기하는 새로운 방식을 습득하면 커뮤니케이션에 익숙해지게 되고, 당신의 목소리에 사람들이 귀 기울이게 만들 수 있다.

프레젠테이션에서 사진 이미지나 스토리텔링 기법 등 창의적인 방식을 사용하면 사람들의 집중력을 붙들어둘 수 있다. 휴이는 학창 시절 스포츠 팀에서 활동했던 시기의 사적인 경험담을 결합함으로써 장차 이뤄질 사내 변화를 스토리텔링으로 설명했다. 그는 자신이 경험담을 더 많이 이야기할수록 메시지가 더 잘 전달된다는 사실을 깨달았다.

③ 침착한 집중력과 내적 에너지를 사용하라

변화와 불확실성의 시대에 내향인의 차분함과 집중력, 내적 에너지는 팀원들의 집중력을 유지시키는 자산이 될 수 있다.

우리는 리더가 안정감을 주고 방향성을 제시해주길 바란다. 내향형 리더는 팀원들에게 자신의 차분한 에너지를 전달함과 동시에 추진 중인 전략을 좀 더 명확히 제시할 수 있다.

감정적으로 격양되었던 최근의 선거 이후, 내향인 줄리아는 다양한 정치적 관점을 지닌 사람들을 모았다. 목표는 서로에게서 배울 점을 찾고, 분열의 시대에 어떻게 앞으로 나아갈 수 있을지 판단하는 것이었다. 줄리아는 자신의 안전지대에서 나와 지인과 이웃 들을 자신의 프로그램에 등록시켰고, 그 결과 6명으로 시작된 단체는 4개월 만에 100명으로 늘어났다. 단체가 조직적으로 성장한 이후, 그녀는 다시 초심으로 돌아갔다. 줄리아는 스타트업 리더로서 '외부 활동을 하도록' 자신을 밀어붙였다. 한편 내향인답게 자기 인식도 뛰어났던 그녀는 외부 활동에서 한발 물러나 재충전할 자기만의 시간을 가져야 한다는 점 역시 잊지 않았다. 단체 내의 다른 구성원들 역시 그녀가 확립한 차분하고 열린 대화를 계속해나갈 수 있도록 도왔다.

목소리를 이용하라

가족이나 친구에게 전화를 걸었을 때 몇 초 만에 상대의 기분을 알아채는가? 대부분 그들의 목소리, 이를테면 어조, 어투, 목소리 크기 등으로 짐작할 수 있을 것이다. 전화 회의와 같이 시각 정보를 확인할 수 없는 상황에서는 이러한 목소리 '감지' 능력이 어느 때보다 중요하다. 이와 반대로 당신이 목소리를 이용해 상대로부터 완전히 다른 반응을 이끌어낼 수도 있다.

핵심 전략은 자신의 목소리가 지닌 모든 것을 완전히 활용해 표현하는 것이다. 작가이자 음성 코치인 바버라 매커피 Barbara McAfee는 수많은 내향형 리더와 일해왔는데, 외향적인 표현은 내향인에게는 언제나 '제2의 언어'가 되었다고 말했다. 매커피는『풀 보이스Full Voice』에서 "연습으로 목소리를 완전히 바꿀 수 있다"라고 말한다. "저는 캐릭터를 사용합니다. 루치아노 파파로티나 마틴 루서 킹 같은 인물이요. 이런 캐릭터는 내향적인 사람들이 목소리에 더 많은 힘을 실을 수 있도록 도와줍니다. 일단 목소리를 더 크게 내고, 자신이 목소리를 내고 있다는 느낌을 받게 되면, 그 목소리를 일상 대화에 적용할 수 있습니다."[54]

밀어붙이기 단계의 핵심 전략은 자신을 표현하기 위해 새롭고 다양한 목소리를 내는 것이다. IT 전문가 폴 오트Paul Otte는 제임스 본드처럼 비행사 선글라스를 끼고 다니며 다른 역할을 연기하는데, 이런 행위는 상황이 들어맞을 때 그의 목소리에 사람들이 집중하게 해준다.

또 어떤 사람들은 업무 외적인 상황에서 자신을 밀어붙인다. "서비스를 받기 위해 차를 끌고 나갈 때, 혹은 어떤 종류든 서비스를 받아야 할 때 저는 안전지대에서 나오도록 스스로 밀어붙입니다. 분명하고, 자신감 있고, 간결하게 말할 수 있어야 하기 때문이지요. 그러지 않으면 그들이 날 농락할 거예요." 한 설문 응답자의 말이다. 이러한 유형의 밀어붙이기 연습은 정말로 중요한 순간에 연습했던 기술을 실제로 써먹을 수 있게 해준다. 5장을 참고해 어떤 방법으로 목소리에 영향력을 실을 수 있을지 생각해보자.

연습

4장에서 설명했듯, 커뮤니케이션 방법을 시험해볼 기회는 어디에나 있다. 다음에 비행기를 타거나, 마트 계산대 앞에 줄을 서서 기다리거나, 자녀의 학교 행사에 가게 되면 낯선 사람과 대화를 시도해보라. 대화 기술을 습득하고 연습할 기회가 될 것이다. 나아가 새로운 인맥을 쌓게 해줄 수도 있다.

다음 방식들을 이용해 연습해보자.

- 열린 질문을 하라.
- 상대의 눈썹을 주시하라.
- 목소리를 녹음하라.

열린 질문을 하라

베스트셀러 작가 진 그리스먼은 사람들과 유대감을 쌓는 데 열린 질문을 활용한다. 그는 "당신의 고향은 어딥니까?" 같은 질문을 하라고 제안한다. 상대가 대답하면 당신은 "디모인이군요. 전 한 번도 가본 적 없는 곳이네요. 거긴 어때요?"라고 되물어본다. 상대가 "디모인은 대평원 지대로 유명하죠"라고 대답하면 당신은 또다시 이렇게 질문을 이어갈 수 있다. "당신은 어떤가요? 산이 좋아요, 평야 지대가 좋아요?"[55]

열린 질문은 계속 대화를 이어지게 한다. 질문을 잘 이어갈수록 당신의 커뮤니케이션 기술은 향상될 것이다.

상대의 눈썹을 주시하라

커뮤니케이션 연습을 할 때, 대화 상대에게서 당신의 이야기에 대한 피드백을 즉시 받을 수 있는 방법이 있다. 『사람들은 왜 그 한마디에 꽂히는가』의 저자 샘 혼은 '눈썹 테스트'라는 기술을 사용한다. 당신이 누군가를 처음 만나 자기소개를 하거나 처음으로 아이디어를 발표할 때, 사람들의 눈썹을 주시하라. "상대의 눈썹이 전혀 움직이지 않으면 그에게 당신의 말이 전혀 가닿지 않는다는 뜻이다"라고 그녀는 말한다. 눈썹이 위로 치켜 올라가면 당신의 이야기가 먹혔다는 뜻이다 "관심이 있고 호기심이 생긴다"라는 의미이고, 그러면 그들은 "당신의 이야기를 더 알고 싶어할 것이다".[56]

목소리를 녹음하라

대화나 프레젠테이션을 할 때 자신의 목소리가 어떻게 들리는지 직접 확인해보는 것이 좋다. 오디오나 비디오로 녹음이나 녹화를 해서 그걸로 모니터링을 하라. 목소리나 단어, 제스처를 확인하고 조정할 수 있을 것이다. 음향이나 영상으로 자신이 말하는 모습을 살펴보는 것만큼 커뮤니케이션 기술을 향상시키는 방법은 없다. 어떤 뉘앙스로 말했을 때 사람들에게 어떻게 인식되고, 얼마나 이해되는지 알게 될 것이다.

사소한 제스처가 큰 차이를 만들어낸다. 내향형 리더인 당신은 이미 말을 잘 들어주는 사람으로 알려져 있을 것이다. 그에 더해서, 연습을 통해 최대한 자기 표현을 하는 방법을 익히면 커뮤니케이션 과정에서 더 굉장한 결과를 얻을 수 있을 것이다.

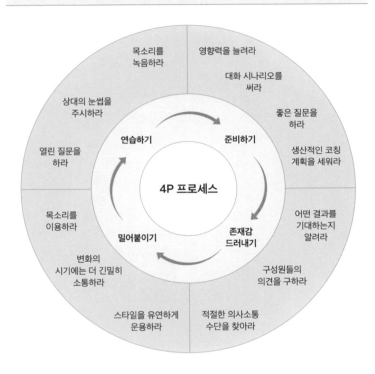

QUIET LEADERSHIP

9장
내향형 리더가
상사를 대하는 방법

조는 마케팅 이사로 활력이 넘치는 인물이다. 조가 새 사무실에 들어섰을 때, 짐을 채 풀기도 전에 직속 부하 여섯 명이 한 사람씩 들어와서 필수 예산 목록을 전달했다. 단, 내향형 리더인 다이앤만은 예외였다. 다이앤은 조에 대해 알아본 뒤 그의 일정을 확인하고, 시간 약속을 잡았다. 회의를 시작했을 때 이들은 스포츠에 대한 공통의 관심사를 나누었고, 그러고 나서 그녀는 짐에게 자기 부서 상황에 대해 궁금한 게 있느냐고 물었다. 그는 몇 가지를 질문했고, 다이앤은 풍부한 지식을 드러내 자신이 부서를 장악하고 있음을 보여주었다. 예산을 결재할 때 조는 다이앤의 요청을 모두 처리해주었다. 그녀는 상사에게 유용한 자원이 되었다.

저명한 경영관리 전문가 피터 드러커Peter Drucker는 다음과 같은 말을 했다. "상사를 좋아하거나 존경할 필요는 없다." 그러면서 동시에 상사와 좋은 관계를 맺는 일의 중요성을 강조했다. 상사는 "직업적 성공과 개인적 성취를 위한 핵심 요인"이기 때문이다.[57]

상사와 성공적인 관계를 맺기 위해서는 상호 간의 목표를 달성하기 위해 필요한 것이 무엇인지를 충분히 서로 파악해야 한다. 다이앤처럼 철저한 준비를 통해 상사와 좋은 관계를 맺을 수 있다.

준비

준비 단계에서 할 수 있는 상사와 좋은 관계를 맺기 위한 방법 다섯 가지를 소개한다.

- 자주 만나라.
- 상사에게 무엇을 줄 수 있는지 판단하라.
- 호기심을 지녀라.
- 필요한 지원이 무엇인지 파악하라.
- 상사의 스타일을 관찰하라.

자주 만나라

강력한 파트너십을 쌓기 위해서는 정기적인 만남으로 공통분모를 늘려야 한다. 컨설턴트를 하면서 관찰한 바에 따르면, 가장 성공한 관리자와 그 직원들은 적어도 일주일에 한 번은 만났다. 이들은 전략적 이슈에 초점을 맞추고, 창의적인 발상을 하며, 계획을 짤 시간을 만들었다. 회의 전에 상사에게 자료를 전달해 생각할 시간을 주어라. 그러면 상사가 당신에게 계속 관심을 집중하게 할 수 있다. 특히, 준비 시간에 가치를 두는 내향형 상사들은 당신의 노력에 감사를 표할 것이다.

추가로 들어오거나 새로 입수된 자료를 공유하고 논의하는 일은 일관성을 유지하는 데 영향을 미친다. 어떤 관리자와 직원의 관계에서든 갈등은 불가피하지만, 그것이 꼭 나쁜 것만도 아니다. 갈등이 해소될 수 없는 상황으로 치닫기 전에 갈등을 표면화하고 논의하는 것이 중요하다. 극작가 노엘 카워드^{Noel} ^{Coward}는 "너무 불행해서 싸우지조차 않는"[58] 커플에 관해 쓴 적이 있다. 이런 상황은 바람직하지 않다.

당신의 상사가 정기적으로 아이디어를 점검해야 한다고 생각하지 않는 사람이라면 어려운 일일 수 있다. 그럴 땐 당신이 먼저 회의를 시작하자고 유도해보자. 중간 점검 회의가 왜 도움이 되는지에 관한 사례를 모아라. 커뮤니케이션 전략들을 올바르게 조합하는 방법을 찾고(8장을 참고하라), 최선을 다해 상사와 업무상 문제들을 논의할 기회를 만들어야 한다.

상사에게 무엇을 줄 수 있는지 판단하라

현재 진행 중인 프로젝트에 대해 질문함으로써 상사와의 대화를 준비하라. 말할 때는 큰 그림을 생각해야 한다. 상사가 무엇을 우선순위로 염두에 두었는지 최대한 많이 파악해야 상사를 잘 도울 수 있다. 그의 성공이 곧 당신의 성공이다.

당신이 상사에게 어떤 가치를 줄 수 있는지 고려하라. "어떤 직급에 있든지, 조직의 암묵적인 규칙들에 관한 정보를 전달할 수 있습니다"라고 다국적 서비스 기업 EY의 총괄 관리자 웬디 허슈버그Wendy Hirschberg는 말했다. "직급이 높을수록 더 많은 걸 알고 싶어할 거예요."[59]

호기심을 지녀라

자신이 다니는 회사에 호기심을 가져라. 당신의 사려 깊은 분석과 준비성을 상사에게 보여주고, 당신이 두 사람 모두의 성공을 일구는 데 열심히 임하고 있음을 알려라. 상사와 영양가 있는 대화를 진전시키기 위한 전략적 질문 몇 가지를 소개하겠다. 자신의 상황에 알맞게 바꿔 쓰면 된다.

- 우리 부서의 비즈니스 비전 및 전략이 무엇입니까?
- 우리 부서와 회사의 강점과 약점은 무엇입니까?
- 우리의 비용, 예산, 수익 목표는 무엇입니까?
- 다른 팀원들의 목표는 무엇입니까? 그중 저와 관련한 사항이 있습니까?
- 성공 기준이 무엇입니까? 향후 30일, 60일, 90일 동안 제 업무가 어떤 식으로 측정될까요?

필요한 지원이 무엇인지 파악하라

상사는 당신 커리어의 핵심이다. 승진이나 앞날의 기회를 위해 상사에게 접근하기 전에 (4장에서 논의한 대로) 자신의 강점과 약점을 파악하라. 자신에 대해 판단을 마친 후, 상사가 당신의 커리어 목표에 어떤 도움을 줄 수 있을지를 적어보라. 이것은 내향형 기술제품 관리자인 밥 굿이어^{Bob Goodyear}가 성공적으로 사용한 전략이다. 그는 다음 단계에 대한 분명한 비전을 찾지 못한 상태였는데, 자기 사업부의 부서장과 함께 이야기하며 변화가 필요하다는 데 동의했다. 그는 자신의 역할이 점점 더 고루해지고 있음을 알았다. "저는 한 가지 프로그램을 다섯 번째로 하고 있었는데, 그건 그저 언어만 다르게 프로그래밍하는 것이었습니다." 그는 그 자리에 계속 머무른다면 자신에게 그 자리를 벗어날 기회가 없으리라는 사실을 깨달았다. "저는 책상에서 일어나서 부서장의 사무실로 뚜벅뚜벅 걸어가 물었습니다. '저 같은 사람이 할 수 있는 다른 일은 없습니까?'" 그는 위험을 감수했고, 보상을 받았다. 부서장은 밥에게 몇 차례 코칭을 해주었고, 밥은 그를 통해 좀 더 흥미로운 커리어로 전환할 국제적인 기회를 부여받았다.

당신의 다음 단계는 무엇인가? 어쩌면 당신은 새로운 기술을 배우고 싶을 수도 있고, 회사의 다른 부문에서 두각을 드러내고 싶을 수도 있고, 심지어 완전히 다른 커리어로 옮기고 싶을 수도 있다. 당신 상사에게 그가 당신을 도울 방법을 알려주어라. 당신이 지닌 자산, 선호하는 것, 열정, 무엇을 추구하는지 등을 먼저 보여줌으로써 상사가 당신에게 조언하기 쉽게 만들어야 한다. 당신의 커리어에 관해 다음과 같은 질문들을 던져보자.

- 내가 이 역할을 할 때 어떤 강점을 발휘할 수 있는가?
- 내가 지닌 배경, 기술, 경험과 현재 업무 분야에 어떤 차이가 있는가?
- 프로젝트를 하면 내가 새로운 기술을 배울 수 있는가? 혹은 새로운 관점을 얻을 수 있는가?
- 내 상사에게서 배우고 싶은 것은 무엇인가?
- 상사가 내 멘토 혹은 지원자가 될 만한 사람을 추천해줄 수 있을까?

상사의 스타일을 관찰하라

직접 관찰하고, 주변 사람들을 통해 정보를 모아서 당신의 상사가 어떤 스타일인지 파악하라(그리고 스타일에 따라 8장의 내향인 및 외향인과 커뮤니케이션 하는 법 목록을 참고하라). 상사에 관해 아는 사람들이 그에게 어떻게 접근할지에 대한 조언과 통찰을 줄 것이다.

내향인인 당신은 이미 날카로운 관찰력을 갖췄다. 관찰력을 발휘해 당신이 상사와 유대감을 쌓는 데 도움이 될 단서들을 찾아라. 언젠가 나는 '극'외향인 관리자와 일한 적이 있는데, 그녀는 '속도광'이었다. 위기 상황에서 그녀의 조언을 구해야 한다면 말 그대로 그녀와 함께 미친 듯이 복도를 질주하는 것이 그녀의 시선을 끌 유일한 방법이었다. 우리는 이러한 방식으로 유대감을 쌓았다.

내향형 재무 분석가 닐라는 상사가 자신과 대화를 나눌 때 아이디어를 자주 떠올리곤 한다는 사실을 느꼈다. 상사가 자신의 말을 경청하게 만들기 위해 닐라는 새로운 관리 아이디어를 도표로 정리해서 그에게 가지고 갔다. 그는 바로 그녀의 아이디어에 귀를 기울였다.

존재감 드러내기

회의를 하는 동안 당신은 필연적으로 상사나 조직에 관해 상당히 많은 정보를 알게 될 것이다. 그리고 그 정보는 당신의 업무 성취나 커리어 전환에 도움이 된다. 이러한 대화를 최대한 활용할 방법을 알아보자.

- 자신의 스타일로 일하라.
- 성과를 알려라.
- 피드백에 따라 조치하라.
- 멘토 혹은 지원을 요청하라.

자신의 스타일로 일하라

상사와의 관계가 발전함에 따라 상사가 당신 마음을 읽어주는 사람이 아님을 계속 상기해야 한다. 당신의 스타일과 당신에게 무엇이 최선인지를 상사가 알 수 있게 하라. 내향인인 당신이 무엇을 선호하는지 알려야 한다. 이를테면 회의 전 준비 시간이 필요하다든지, 요청은 이메일이나 전화 통화로 하는 게 좋다든지 같은 사항들을 공유하라.

성과를 알려라

상사의 존중과 신뢰를 얻는 또 다른 방법은 솔선수범하는 것이다. 당신은 고객의 요청에 반응해 빠르게 내용을 수정하는가? 새로운 공급업체를 찾아서 비용을 절감할 수 있는가? 프로세스를 개선하기 위한 변화의 방향을 제시할 수 있는가? 당신의 공식 업무 매뉴얼에 반드시 해야 한다고 쓰여 있지는 않지만, 부서에 윤활유가 될 만한 일들을 찾아서 하라.

그러고 나서 상사를 만났을 때 당신이 취한 조처들을 보고하라. 보고서로도 쓰면 더욱 좋다. 당신에 대한 상사의 평가가 긍정적으로 변할 것이다. 또 다른 혜택이 있다면? 다른 팀 팀장들도 당신에게 주목하기 시작할 것이다.

피드백에 따라 조치하라

소프트웨어 엔지니어 밍은 상사로부터 자신이 중요한 고객에게 퉁명스럽게 대했다는 피드백을 받고 당황했다. 하지만 그녀는 그 지적을 개인적인 감정으로 받아들이지는 않았다. 그녀는 상사에게 어떤 면이 그랬는지 구체적으로 물었고, 해당 고객에게는 비즈니스 이야기를 하기 전에 부드럽게 관계를 쌓을 시간이 필요했다는 점을 알게 되었다. 밍은 다음번에 그 고객과 통화할 때 비공식적인 이야기, 즉 잡담을 조금 나누면서 대화를 시작했다. 그 후에는 본격적인 일 이야기로 넘어가서 비즈니스를 잘 진행할 수 있었다.

그 일이 있고 난 뒤, 그녀는 상사와 관계를 맺는 데 모범 사례가 될 만한 중요한 절차를 밟았다. 그녀는 상사에게 고객과의 대화와 그에 대한 고객의 긍정적인 평가를 보고서로 작성해 제출함으로써 일전의 피드백과 관련한 안건을 마무리했다. 밍은 상사의 코칭에 긍정적인 방향으로 변화했고, 제안받은 피드백을 반영하는 데 노력과 시간을 들였음을 보여주었다. 더불어 상사의 피드백으로 계속 발전하고 있다는 이미지를 심어주었다. 이는 그녀의 커리어 발전에 도움이 될 것이다.

멘토 혹은 지원을 요청하라

상사를 만나는 동안 우리는 그가 멘토 혹은 지원자 역할에 얼마나 흥미를 느끼고, 힘을 쏟고 있는지를 알게 된다. 많은 관리자가 멘토링을 자신의 역할로 생각하고, 진지하게 팀원들에게 방향성을 제시하거나 조언을 해주려고 한다. 때로 트레이닝 프로그램을 추천하거나, 당신의 커리어 성장 목표에 맞춰 협력하기도 한다.

상사는 지원자의 역할을 하면서 프로젝트를 검토하고, 당신 의견의 옹호자가 되기도 하며, 또한 당신이 조직 내에서 두각을 나타내도록 도울 수도 있다. 승진 기회를 논의할 때 그들은 당신의 이름을 입에 올리고, 어째서 새로운 프로젝트에 당신이 적합한지 말해줄 수 있다. 당신이 내향성 때문에 자기 홍보를 주저한다거나 임원들과 교류할 기회를 잡지 못할 때 이는 큰 도움이 된다.

당신의 상사가 멘토 혹은 지원자로서 적합하지 않아 보인다면 상사에게 그 역할을 대신해줄 사람이 있는지 물어볼 수도 있다. 스스로 먼저 찾아 나서야 한다. 임원급 엔지니어이자 내향인인 알렉스는 이렇게 조언한다. "당신 스타일대로 일하라. 고위 관리자와 교류하도록 스스로를 밀어붙여라. 고위 임원들과 편안한 일상 대화를 시도하고, 거기서 공통 관심사를 찾아라. 일단 그들이 당신과 다르지 않다는 사실을 깨닫게 되면, 그들을 이해하고 당신을 드러내는 일이 쉬워질 것이다." 한 건강관리 업계의 관리자는 이렇게 조언한다. "유대감을 쌓고, 조언을 구하고, 그들이 제안한 것을 그대로 행하고, 그들의 시간을 존중한다는 것을 보여줌으로써 신뢰를 쌓아라."

밀어붙이기

상사와 관계를 쌓는 일이 언제나 쉽지는 않지만, 목표를 달성하려면 반드시 필요하다. 활발한 커뮤니케이션은 결혼생활에만 필요한 것이 아니다. 직장 생활 역시 파트너십이 필요하다. 당신과 상사 역시 각자 홀로 일할 때보다 협력할 때 더 나은 결과를 달성할 수 있다. 상사와의 협력을 위해서 당신을 스스로의 안전지대 밖으로 나오게 밀어붙일 방법들을 살펴보자.

- 정직하라.
- 상사에게 피드백을 제공하라.
- SAR 기법을 활용하라
- 상사를 보호하라.
- 물러서야 할 때를 알아라.

정직하라

상사와 관계를 맺는다는 것은 이따금 어려운 대화를 나눠야 한다는 뜻이기도 하다. 사샤는 재무팀 관리자로 승진한 직후 유방암에 걸렸다. 그녀는 상사인 새뮤얼과 화상 전화 일정을 잡고 치료 계획을 논의했다. 그녀는 자신에게 왜 몇 주간의 휴가가 필요한지 그와 터놓고 이야기하고 싶었다. "전 얼굴을 맞대고 대화해야 할 필요가 있다고 느꼈어요. 새뮤얼은 제 자리를 보증해주며 저를 안심시켰고, 다 잘될 거라고 말했지요. 하지만 전 그의 눈을 보고 그의 목소리를 들으며 그가 저의 장기 휴가에 '정말로' 어떻게 대처할지 알고 싶었습니다." 그녀의 상사는 사샤의 요구를 기꺼이 받아들였다. 그녀는 이렇게 말했다. "그 대화는 제가 생각했던 것보다 훨씬 잘 이뤄졌어요. 저는 그에게 처음부터 상황을 정직하게 털어놓아서 다행이라고 생각했고, 그러면서 스트레스도 훨씬 줄어들었습니다."

상사에게 피드백을 제공하라

상사로부터 피드백을 받는 것은 힘든 일일 수 있다. 하지만 그 반대도 마찬가지다. 누구에게나 맹점은 있는 법. 일반적으로 관리자들은 조직에서 지위가 상승할수록 피드백을 덜 받게 되고, 자신의 행동이 회사나 직원 개개인에게 미치는 영향력을 미처 깨닫지 못한 채 앞으로 나아가게 된다. 이따금 상사에게 집중적으로 요청하고, 그 결과를 피드백하라. 이는 양측 모두에게 생산적인 일이다.

캐나다의 세일즈 트레이너인 켈리는 전임자와 "스타일이 완전히 다른" 새 매니저가 왔던 일을 언급했다. "저는 일주일에 재택 근무를 몇 차례 하는 데 익숙해져 있는데, 새 매니저는 사무실에서 얼굴을 맞대고 이야기하길 바랐습니다. 그뿐만 아니라 제 일을 세세하게 관리하기 시작했죠." 마침내 그녀는 그와 자리를 잡고 앉아서 자신을 원래 일하던 방식대로 두면서도 어떻게 지금의 목표를 이룰 수 있을지를 설명했다. "제가 진행 중인 프로젝트에 변동 사항이 생기면 수시로 그에게 전달하겠다고 말했어요. 그리고 주간 업무 및 다음 주 진행 예정 업무를 이메일로 보고하기로 했지요. 주간 업무 보고는 그가 저를 신뢰하면서부터 월간 업무 보고로 바뀌었습니다."

SAR 기법을 활용하라

피드백을 공유할 때, SAR(상황Situation, 실행Action, 결과Result) 기법을 사용해보자. 먼저 "제가 피드백을 드려도 될까요?" 혹은 "요청드릴 게 있는데요"라고 말하면서 시작할 수 있다.

적절한 장소를 선정하고, 행위 혹은 상황이 발생한 이후 즉시 피드백을 줘야 한다. 피드백 내용은 구체적이어야 하고, 당신이 볼 수 있는 행위들에 초점을 맞춰야 한다. 그리고 대안을 제시해야 한다. 다음 페이지에서 SAR 기법에 대해 알아보고, 자신의 상황에 SAR 기법을 적용해 작성해보자.

- **S(상황):** 상황을 설명하라.

- **A(실행):** 당신이 취한 행동을 설명하라.

- **R(결과):** 결과를 설명하라. 어떤 행동 때문에 무슨 일이 일어났는지 설명하라.

- **AA(대안의 실행 계획):** 대안의 실행 계획Alternative Action을 제시하라.

- **AR(대안의 결과):** 대안으로 발생하게 될 결과Alternative Result를 제시하라.

SAR은 문제를 다루는 방법을 제시하는 것이다. SAR의 목표는 비난이 아니라 건설적인 변화에 초점을 맞춰 터놓고 대화를 해나가는 데 있다.

SAR 사례

: 상사가 퇴근 시간 직전에 일거리를 주었다. 그러나 당신은 좋은 결과를 내기 어려운 상황이다.

- **S:** 어제 팀장님으로부터 프로젝트가 완전히 끝났다는 주간 업무 보고서를 받았습니다.

- **A:** 저는 그 일을 제시간에 끝마쳤습니다. 하지만 마감일이 빡빡해 제 작업을 검증할 시간이 없었습니다.

- **R:** 그 보고서에는 오류가 존재할 가능성이 있으며, 그 오류로 인해 처리가 좀 지연될 수 있습니다.

- **AA:** 가능하다면 저는 하루 일찍 주간 보고서를 받고 싶습니다.

- **AR:** 그렇게 한다면 자료에 오류가 없어질 것이고, 그건 우리 부서에 이득이 될 거라 생각합니다. 어떠십니까?

이제 당신이 해볼 차례다. 상사에게 피드백을 해야 하는 상황이라면 SAR 기법을 활용해 어떻게 할지 적어보자.

- S:

- A:

- R:

- AA:

- AR:

상사를 보호하라

한 단계 더 나아가, 상사가 자신의 행동이 구성원들에게 어떤 영향을 미치는지 알게 해줘야 한다. 언젠가 나는 자기 상사에게 실망한 팀원들의 교육을 맡은 적이 있다. 그들의 상사는 팀원 개개인에 관해서는 조금도 알려 하지 않고 오직 업무에만 집중하는 사람이었다. 내향형 팀원 나미는 회의를 해서 어떻게 하면 팀워크를 다질 수 있을지 논의하자고 제안했다. 그녀의 제안으로 그 팀은 팀워크를 공고히 했을 뿐만 아니라 그녀와 상사의 경력도 크게 발전했다.

작가이자 컨설턴트인 빌 트레저러Bill Treasurer는 자기 상사에게 해가 될 만한 일들로부터 상사를 보호하는 일의 중요성에 관해 썼다. "상사 역시 사람입니다. 그 역시 멍청한 실수를 저지를 수 있지요. 그들이 듣고 싶지 않을, 불편한 진실을 말해주는 것이 당신이 해야 할 일 중 하나라는 데 사전에 동의를 받으세요. 상사가 듣고 싶지 않지만 알아야 하는 사항들을 이야기하겠다고 동의를 받고, 그것을 지키세요."[60]

물러서야 할 때를 알아라

당신을 도와주지 않고, 조언하지도 않는 상사와 일하게 될 수도 있다. 혹은 피드백을 주고받는 데 전혀 흥미가 없는 상사를 만날 수도 있다, 그들에게는 긍정적인 영향력을 발휘하기가 어렵다. 이런 경우 상사를 위한 발언은 오히려 당신을 위태롭게 만들 수도 있다. 상사에게 직접 말하는 대신, 당신에게 필요한 지원과 조언을 해줄 사람을 찾아라. 조직 내에 당신이 존경하는 사람으로부터 이 상황을 어떻게 다뤄야 할지 조언을 받는 것이 좋다.

상사와의 관계 맺기가 불가능한 또 다른 상황은 직장 윤리를 위반하는 경우다. 내가 코칭했던 직원 중에는 출장 경비를 위조하는 문서를 작업하라는 요구를 받은 경우가 있었다. 아무리 상사와 좋은 관계를 맺는다지만, 회사의 정책, 나아가 법규를 위반하는 일을 도울 수는 없다.

연습

내향형 리더로서 상사와 좋은 관계를 맺는 것은 당신의 리더십 포트폴리오에 주요한 요소가 될 수 있다. 그러기 위해서는 변화의 선두에 서야 한다.

변화의 선두에 서라

상사와 업계 동향 및 트렌드에 관해 지속적으로 정보를 주고받으면서 꾸준히 관계를 쌓아라. 세르주의 예는 본받을 만하다. 다국적 프로젝트 팀에서 일하는 동안 세르주는 가치 있는 고객 데이터와 혁신 사례 들을 모았고, 이를 상사에게 전달했다. 업계의 인맥과 최신 정보에 접근할 수 있도록 공유해주었기에, 사람들은 모두 세르주를 팀에 합류시키고 싶어했다. 그의 상사는 그가 주도적으로 일해서 팀이 눈에 띄는 성과를 내고 존재감을 드러내는 데 도움이 되었다는 점을 높이 평가했다. 회사에서 새로운 역할을 맡은 지 얼마 안 되어 세르주는 빠르게 상사와 신뢰 관계를 쌓을 수 있었다.

다양한 접근 방식을 고려하라

상사와 어떤 식으로 관계를 맺을지에는 다양한 방식이 있다. 상사가 어떤 사람인지에 따라 다른 방식으로 관계를 맺어야 할 것이다. 그들의 성향에 적응하는 방법을 배우고, 그들이 당신의 성향에 적응할 수 있도록 도와야 한다. 정기적으로 만나고, 질문하고, 피드백을 제공하고, 변화의 선두에 서라. 당신의 목표와 조직의 목표 모두를 더 잘 달성할 수 있는 리더가 될 것이다.

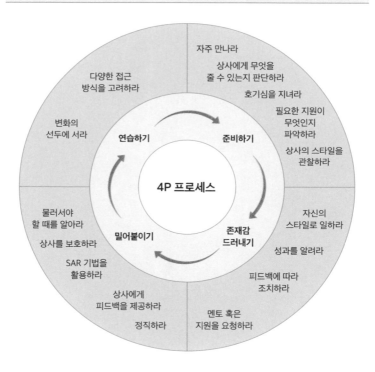

상사와의 성공적인 관계 맺기를 위한 4P 프로세스

4P 프로세스

연습하기

준비하기

밀어붙이기

존재감 드러내기

자주 만나라

상사에게 무엇을 줄 수 있는지 판단하라

호기심을 지녀라

필요한 지원이 무엇인지 파악하라

상사의 스타일을 관찰하라

자신의 스타일로 일하라

성과를 알려라

피드백에 따라 조치하라

멘토 혹은 지원을 요청하라

정직하라

상사에게 피드백을 제공하라

SAR 기법을 활용하라

상사를 보호하라

물러서야 할 때를 알아라

변화의 선두에 서라

다양한 접근 방식을 고려하라

QUIET LEADERSHIP

10장
4P 프로세스 성공 사례

지금까지는 4P 프로세스를 활용하는 다양한 방법을 설명했다. 이제는 4P를 활용했을 때 따라올 주요한 결과들을 살펴볼 차례다.

- 당신의 승리
- 회사의 승리
- 부작용

당신의 승리

준비

라즈는 1000파운드짜리 비즈니스가 걸린 수화기를 내려다 보았다. 그가 다니는 컨설팅 회사는 직원들에게 판매 할당량을 부과했다. 라즈는 전 고객인 미셸에게 전화를 걸어 자신과의 비즈니스를 설득해내야 한다는 강한 부담을 느꼈다.

라즈는 미셸의 휴대전화 번호를 누르면서 잠시 눈을 감았다. 머릿속으로 준비한 질문을 검토하고, 전화 통화를 성공리에 마치는 장면을 상상했다. 차분하고, 주제에서 벗어나지 않는 대화를 그렸다. 신호음이 울리자 그는 심호흡을 하고, 자세를 바로 고쳤다. 미셸이 전화를 받았다. 10분 동안 통화가 이어진 뒤, 그는 미셸이 설명한 내용을 머릿속으로 정리했고, 다음 주에 만나기로 약속을 정했다. 라즈는 미셸의 회사와 함께할 앞으로의 비즈니스가 희망적이라고 생각하며 기운을 냈다.

존재감 드러내기

라즈가 한 것처럼, 성심껏 임하면 사람들은 당신을 잘 경청해주는 사람으로 인식하고, 당신에게 가치 있는 정보를 줄 것이다. 로리 니콜스Laurie Nichols는 비영리단체의 CEO로 내향인이다. 그녀는 새로운 역할을 맡자마자 첫 30일 동안 구성원들의 요구와 과제를 이해하기 위해 보고서를 모두 직접 썼다. 그녀는 그 일이 까다로웠으며, 하지 않는 게 더 편했을 거라고 말했다. 그러나 그녀는 곧 "그 일의 진정한 가치는, 내가 그 일을 마쳤을 때, 어쩌면 외향인이라면 얻지 못했을 직원들의 신뢰를 얻어냈다는 거죠"라고 덧붙였다.

밀어붙이기

밀어붙이기가 주는 핵심 보상은 무엇일까? 자신의 한계를 시험하면 자신의 능력을 확인할 수 있고, 자신감을 얻게 된다. 그러면 그전에는 가능하리라고 상상조차 못 했던 기회의 문을 열 수 있다.

작가인 헤더 슐츠Heather Schulz는 경영관리 컨설팅의 세계에 뛰어들었을 때, 안전지대 밖으로 나오길 결심하며 "그 분야에서 누구나 인정하는 최고의 인물"과 만나기로 마음먹었다.[61] 그녀는 『초우량 기업의 조건』이라는 베스트셀러를 쓴 작가 톰 피터스Tom Peters에게 연락했다. 시간은 빠르게 흘러 몇 년 후, 헤더는 톰이 운영하는 기업의 CEO이자 사장이 되어 경영을 하고 있다!

연습

연습은 내향형 리더가 맞닥뜨리는 여섯 가지 도전 과제를 해결하는 단계다. 여섯 가지 도전이란 (1장에서 자세히 설명했듯) 인간관계에서 생기는 피로감, 느린 속도, 말을 끊어먹는 훼방꾼들, 자기 홍보에 대한 부담감, 팀워크 강조 문화, 내향인에 대한 부정적 이미지를 말한다.

연습 단계를 실천하면 당신 본연의 모습에 적합한 행동이 무엇인지 알아낼 수 있다. 이를테면 당신이 자원봉사 프로젝트에서 특정 역할을 맡음으로써 사람들의 눈에 띄기로 결심했다고 하자. 당신이 꼭 나서서 해당 프로젝트를 이끌어갈 필요는 없다. 대신 주요한 역할을 함으로써 프로젝트에 기여하고, 눈에 띄는 실적을 내서 동료들에게 신뢰를 얻을 수 있다.

연습을 거치면 거칠수록 당신은 더욱 자신감 있게 새로운 행동을 할 수 있을 것이다. 내향인인 당신에게는 유대감을 쌓으려고 노력하는 일이 부자연스럽고 이질적으로 느껴지겠지만, 그것도 시간이 흐를수록 점점 더 쉬워질 것이다. 외향인도 마찬가지다. 조용하게 일을 수행하는 것이 자신에게 잘 맞지 않더라도, 연습을 거치면 그렇게 행동하는 데 이점이 생길 것이고, 연습할수록 그 일은 더 수월해질 것이다.

회사의 승리

4P 프로세스를 채택할 때 승리하는 사람은 당신만이 아니다. 당신이 다른 사람들의 일에도 기여하게 되면서 회사 전체에도 큰 혜택이 된다. 자, 당신의 조용한 강점이 회사에 어떤 방식으로, 어떤 승리를 창출하는지 구체적으로 살펴보자.

준비

대화를 세심히 준비하고, 이해관계자가 필요로 하는 것이 무엇인지 꼼꼼하게 파악하는 내향형 리더는 동료나 고객, 관리자의 신뢰와 헌신을 얻을 수 있다.

내 리더십 트레이닝 프로그램에 몇 차례 참여한 로사나의 사례를 보자. 나는 그 회사의 예산이 빠듯하다는 사실을 알았기에, 그녀가 어떻게 몇 차례나 상사의 결재를 받아 수업을 들을 수 있었는지 물어보았다. 그녀는 프로그램별 비즈니스 사례를 조사하고, 그 결과를 상세하게 정리해 어떻게 이 수업이 자신의 부서와 개인의 목표를 달성하는 데 도움이 되는지, 즉 이 수업이 얼마나 투자 가치가 있는지에 관해 상사에게 설명했다고 답했다. 상세한 분석에 그치지 않고, 그녀는 상사에게 결재를 받으러 가기 가장 좋은 때가 언제인지도 관찰했다. 더해서, 자신이 배운 내용을 직원들과 공유하겠다고 제안했다.

로사나에게 준비는 성공을 확보하기 위한 핵심 수단이었다. 그 덕분에 그녀는 직원으로서 제 역할을 다하며 자신의 가치를 최대한 발휘했고, 최근 몇 년간 수차례 승진을 거듭했다.

존재감 드러내기

리더로서 존재감을 드러내는 일에는 강력한 장점이 하나 있다. 작가 베벌리 케이[Beverly Kaye]와 샤론 조던 에번스[Sharon Jordan-Evan]는 상사가 팀원들을 어떻게 대우하느냐가 직원들의 장기 근속을 결정짓는 핵심 요인이라고 강조한다.[62] 리더가 존재감을 발휘하면, 팀원들이 리더의 기여를 더 잘 인지한다. 존재감을 지닌 리더가 많은 회사는 직원들이 회사에 더 매력을 느끼고 오래 근속한다.

밀어붙이기

기업은 리더들이 아이디어를 낼 때 이득을 얻는다. 내가 조사한 바에 따르면, 변화를 이루고, 다른 사람들에게 영감을 주고, 새로운 아이디어를 제시하고, 현 상태를 변화시키는 리더들은 내향형에서 외향형으로 변함으로써가 아니라 내향인 자신의 강점을 바탕으로 차이를 만들어냈다. 조용하게 영향력을 미치는 이들은 스스로 타고난 재능(준비성, 경청과 참여, 집중력, 글쓰기, 사려 깊은 SNS 활동 등)을 최고조까지 발휘하기 위해 안전지대 밖으로 과감히 나선다.

또 하나의 사례가 있다. 나는 스토리텔링 수업에 들어온 30명의 내향형 관리자를 관찰했는데, 참가자 대부분은 스토리텔링 기술에 서툴렀다. 그들은 분명 스스로를 밀어붙이고 있었다. 수업이 끝난 후 참가자들은 새로 배운 기술을 업무에 활용해 긍정적인 결과를 얻었다고 이야기했다. 경영진의 눈에 띄었으며, 동료들로부터 프레젠테이션 실력이 향상되었다는 긍정적인 피드백을 받았다고 말했다. 스토리텔링 기술을 꾸준히 연습하면 팀이나 고객 앞에서 좀 더 효과적인 프레젠테이션을 할 수 있다.

연습

자신의 강점을 꾸준히 연습하는 내향형 리더는 사람들의 존경을 받는다. 그들의 리더십은 조직 문화에 긍정적인 영향을 미친다.

더글러스 R. 코넌트는 진정성 있는 행동을 모범적으로 실천하는 리더다. 현 코넌트리더십 CEO이자 전 캠벨 수프 대표 겸 CEO인 더그는 신뢰를 구축하는 일을 꾸준히 연습한다. 그는 자신이 일하는 방식에 관해 팀원들과 열린 대화를 나누고 정직하게 커뮤니케이션한다(그의 태도는 이 책의 '추천의 글'에서 더 자세히 볼 수 있다).

목표 중심의 대화를 연습함으로써 그는 문제 해결, 판매 아이디어, 팀의 갈등 해결에 참여한다. 더그의 스타일은 자신에 관한 직원들의 오해나 추측을 막고, 책임 있는 역할을 수행한다. 그는 신입사원들에게 이렇게 말한다. "내가 꾸준히 이러저러하게(그의 가치관을 말한다) 행동한다면 여러분의 신뢰를 얻을 수 있을 겁니다. 그렇지 못하면 신뢰를 얻을 수 없겠지요. 여러분은 적어도 제가 방금 언급한 가치관대로 행동하리라는 것을 알게 될 겁니다."[63]

스스로를 밀어붙일 기회를 찾아라. CEO가 출장을 가면 회의를 주도하라. 고객이 들렀을 때 담당자가 부재중인가? 한 발짝 나서서 대신 고객을 만나라. 새로운 소프트웨어의 기능을 발견했는가? 점심시간을 활용해 다 같이 트레이닝 시간을 갖자고 제안해보라. 그때그때 유연하게 배치해도 새로운 역할에 적응할 수 있는 직원들이 많아지면 회사에 이득이 된다. 직원들이 의식적으로, 자발적으로 한 단계 더 나아가 연습하기 시작하면, 회사는 질적으로 향상된 인재를 더 많이 보유하게 될 것이다.

당신의 리더십을 강화하는 데 4P 프로세스를 활용하라. 개인의 성장은 물론 조직의 성장도 이룰 수 있을 것이다. 하지만 조심해야 한다. 지나침은 아니함만 못하다는 사실을 항상 염두에 둬야 한다.

부작용

심리학자 칼 융의 자아의식 이론 중에 '그림자'라는 개념이 있다. 스트레스를 받으면 우리에게 숨겨진 그림자가 튀어나오게 된다. 너무 열심히 애를 쓰고, 자신과는 지나치게 다른 모습으로 행동하려고 밀어붙이면 오히려 부정적인 결과가 나올 수 있다. 4P 프로세스를 활용할 때도 마찬가지다. 4P를 남용하면 어떤 부작용이 생길까?

준비

준비가 지나쳐 집착할 수 있다. 학창 시절 시험 공부를 아무리 열심히 해도 확신이 들지 않을 때가 있었을 것이다. 공부하면 할수록 오히려 더 헷갈렸던 적은 없는가? 회의나 대화, 네트워킹 등에서도 비슷한 일이 일어날 수 있다. 준비를 돌이킬 수 없는 수준까지 지나치게 한다면 오히려 초조해지고, 확신이 점점 더 없어질 것이다.

존재감

존재감을 지나치게 드러내려 할 수도 있다. 내향인이 자기 생각보다 훨씬 더 사교적인 역할을 맡는 경우는 무척 흔하다. 어느 정도 그 역할을 잘 소화할 수는 있겠지만, 너무 많은 에너지를 쏟아부어서 지칠 수 있다. 자칫하면 애쓰는 모습이 남들에게 진정성 없게 보일 수도 있다.

밀어붙이기

밀어붙이기가 지나쳐도 독이 된다. 나는 관리자들을 대상으로 리더십 기술을 가르치는 세미나를 사흘간 연 적이 있다. 그 프로그램은 리더십 기술 트레이닝, 역할극, 상호작용 연습 등 수많은 과정으로 빡빡하게 짜여 있었다. 내향형 참가자들은 이전에는 시도해보지 않은 행동들을 배우기 위해 다양한 방식으로 노력했다. 나는 수업 사이사이에 조용히 생각할 수 있는 휴식 시간을 넣었다. 내가 참가자들에게 계속 외향적인 활동을 하는 수업을 밀어붙였더라면, 그들은 오히려 번아웃 상태에 빠졌을 것이다.

연습

강점 연습을 너무 지나치게 할 수도 있다. 그러느라 당신은 리더로서 달성해야 하는 중요한 업무들을 간과할 수 있다. 내 코칭을 받은 적이 있는 데일은 팀원들에게 자기 사무실에 들러도 된다고 독려했지만, 그녀의 제안에 응답한 팀원은 거의 없었다. 그녀는 (6장에서 제안했던) '걸어 다니기' 기법을 연습해보기로 했고, 팀원들의 자리로 걸어가 가벼운 대화를 나누기 시작했다.

그녀는 팀원들을 더 잘 알게 되었고, 이 기법을 편안하게 수행할 수 있게 되었다. 하지만 자기도 모르는 새에 의도했던 것보다 잡담을 더 자주 하게 되었고, 결국 중요한 업무 몇 가지를 놓치는 상황에 이르렀다. 그녀는 나와 상의해 일정을 좀 더 세심하게 숙고해 팀원과 대화를 나누는 시간을 현실적으로 조율해나갔다.

계획을 세우고 의식적으로 관심을 기울이면 내향인의 타고난 강점을 활용한 리더십으로 성과를 끌어올릴 수 있다. 이러한 성과는 당신 개인의 발전과 조직의 성장 모두에 긍정적인 영향을 미칠 것이다. 반면에 당신 스스로를 과도하게 밀어붙이지 않고도 성공할 수 있다는 점을 명심해야 한다. 자신의 강점을 과도하게 활용하려고 애쓴다면, 오히려 그것이 약점이 될 수 있다.

마지막 장에서는 내향형 리더가 직면하게 되는 과제 몇 가지를 극복할 실용적인 방안과 함께 당신의 4P 발전 과정을 추적하고, 지속 가능한 리더십을 만드는 방법을 살펴보겠다.

QUIET LEADERSHIP

11장
내향인의 지속 가능한 리더십을 위하여

이 책은 외향인에게 맞춰진 세상에서 내향형 리더인 당신이 마주치게 될 다양한 상황에 활용할 수 있는 도구들을 제공한다. 245쪽의 표는 당신이 처한 상황에 맞게 계획을 세울 수 있는 작성 양식이다. 이 양식을 지도로 삼아 당신의 4P 프로세스를 발전시켜나갈 수 있다. 어떻게 활용할 수 있는지 살펴보자.

내향형 리더가 맞닥뜨릴 수 있는 도전 과제 중 주요한 것들을 나열해보자. 그중에서 당신이 마주한 도전 과제에 4P 프로세스의 각 단계를 어떻게 활용할지 생각해보자. 이 양식이 어떻게 작동하는지, 당신의 생각을 촉진하는 데 어떻게 도움을 줄 수 있는지 아래 예시를 참고하라. 빈 양식에는 스스로 빈칸을 채워보자.

여기서 아이디어 하나. 만일 다른 형식이 당신에게 더 잘 맞는다면 그것을 사용해도 무방하다. 다른 방식으로 메모하고, 자신에게 특화된 지도를 만들어보는 것도 좋다. 중요한 것은 계획을 세우고, 그것이 어떻게 작동하는지 기록하는 것이다. 자신이 어떻게 나아가고 있는지 눈으로 확인할 수 있을 것이다.

함께할 파트너를 찾는 것도 좋은 방법이다. 부족한 부분은 서로 도울 수 있고, 다음 단계로 나아가기 위한 적절한 책임감을 가질 수 있을 것이다.

조용한 리더십의 강점을 구축하고 자신과 팀원들에게 맞는 최선의 방식을 찾아라. 그렇게 한다면 당신도 섬세하게 이끌고 강력하게 성과를 내는 뛰어난 내향형 리더가 될 수 있을 것이다.

나의 도전 과제

: 자기 홍보를 하는 데 부담감을 느낀다. 특히나 대화를 시작하는 것이 버겁다. 다음 회의에서 이 문제를 해결해야 한다.

4P 프로세스	실행	이득	결과
준비하기	대화 분위기를 조성하는 질문을 서너 개 준비한다.	좀 더 자신감 있게 대화할 수 있을 것이다.	대화를 시작하는 데 스트레스가 덜했다.
존재감 드러내기	눈을 맞추고 대화한다.	나의 참여도를 높여줄 것이다.	내가 말을 건넨 사람으로부터 새로운 비즈니스 영역에 대해 배웠다.
밀어붙이기	대화하면서 내가 최근에 진행했던 프로젝트를 언급한다.	나에 관한 이야기를 하는 것이 좀 더 편안해질 것이다.	질문을 던짐으로써 다른 사람들이 내 일에 관심을 드러냈다.
연습하기	"요즘 무슨 일로 바쁘신가요?" 같은 새로운 질문을 던져본다.	사람들이 자신의 일이나 자기에 관한 이야기를 털어놓을 것이다.	사람들이 무엇을 하고 사는지 알게 되었고, 질문과 대화가 계속 이어졌다.

나의 도전 과제

:

4P 프로세스	실행	이득	결과
준비하기			
존재감 드러내기			
밀어붙이기			
연습하기			

나의 도전 과제

:

4P 프로세스	실행	이득	결과
준비하기			
존재감 드러내기			
밀어붙이기			
연습하기			

미주 ▶ ▶ ▶

이 책에 관하여: 내향인이 일으키는 조용한 혁명

1 Susan Cain, "Advice from Arianna Huffington on Raising an Introverted Child," *Heleo.com*, June 17, 2017, https://heleo.com/conversation-susan-cain-huffingtons-convo/9286/.

들어가며: 세상은 내향형 리더를 원하고 있다

2 Del Jones, "Not All Successful CEOs Are Extroverts," *USA Today*, December 8, 2006.

3 "Extraversion or Introversion," The Myers & Briggs Foundation, http://www.myersbriggs.org/my-mbti-personality-type/mbti-basics/extraversion-or-introversion.htm?bhcp=1.

4 Adam Grant, "Rethinking the Extraverted Sales Ideal: The Ambivert Advantage," *Psychological Science*, April 8, 2013, 1024–1030.

5 "Shyness," American Psychological Association, http://www.apa.org/topics/shyness/.

6 "State of the American Workplace," *Gallup Report*, February 2017; "Estimated Frequencies of the Types in the United States Population," CAPT, https://www.capt.org/mbti-assessment/estimated-frequencies .htm?bhcp=1.

7   Susan Chira, "The Universal Phenomenon of Men Interrupting Women," *New York Times*, June 14, 2017, https://www.nytimes.com/2017/06/14/business/women-sexism-work-huffington-kamala-harris.html?smprod=nytcore-ipad&smid=nytcore-ipad-share&_r=0.

8   Susan Cain, *Quiet: The Power of Introverts in a World That Can't Stop Talking* (New York: Crown Publishers, 2012), 75–80.

4장 내향형 리더가 팀원과 프로젝트를 이끄는 법

9   Carmen Nobel, "Introverts: The Best Leaders for Proactive Employees," *Harvard Business School Working Knowledge*, October 4, 2010, http://hbswk.hbs.edu/item/introverts-the-best-leaders-for-proactive -employees.

10 "Analyzing Effective Leaders: Why Extraverts Are Not Always the Most Successful Bosses," *Knowledge@Wharton*, November 23, 2010, http://knowledge.wharton.upenn.edu/article/analyzing-effective-leaders-why-extraverts-are-not-always-the-most -successful-bosses/.

11 Laura Colby, *Road to Power: How GM's Mary Barra Shattered the Glass Ceiling* (Wiley, 2015).

12 Susan Adams, "Leadership Tip: Hire the Quiet Neurotic, Not the Impressive Extrovert," *Forbes*, April 11, 2013, https://www.forbes.com/sites/susanadams/2013/04/11/leadership-tip-hire-the-quiet-neurotic -not-the-impressive-extrovert/#34ad50d1788b.

13 Daniel Goleman, *Emotional Intelligence* (Bantam Books, 1995), 67.

14 Liz Clamen interviews Warren Buffet, CNBC, December 4, 2006.

15 Stewart Stokes, "Managing the Toughest Transition," *Information Systems Management*, Spring, Part I (2003), 8–13.

16 Jennifer Kahnweiler and Bill Kahnweiler, *Shaping Your HR Role* (Elsevier, 2005), 59–62.

17 Adam Bryant, "Zappos CEO Tony Hsieh Asks These Interview Questions to Get People Off Their Script," *Quartz.com*, September 27, 2013, https://qz.com/128902/zappos-ceo-tony-hsieh-asks-these-interview-questions-to-get-people-off-their-script/.

18 Jennifer Kahnweiler, PhD, "How CEOs Can Use Quiet Influence to Get Results," *Chief Executive*, October 27, 2013, http://chiefexecutive.net/how-ceos-can-use-quiet-influence-to-get-results/.

19 Adam Bryant, "How to Hire the Right Person," *New York Times*, https://www.nytimes.com/guides/business/how-to-hire-the-right-person.

20 Sophia Dembling, "The Introvert-Friendly Office," *Psychology Today*, July 29, 2013, https://www.psychologytoday.com/blog/the-introverts-corner/201307/the-introvert-friendly-office.

21 Jillian D'Onfro, "Steve Jobs Had a Crazy Idea for Pixar's Office to Force People to Talk More," *Business Insider*, March 20, 2015, http://www.businessinsider.com/steve-jobs-designing-pixar-office-2015-3.

22 Liz Wainger, "5 Leadership Communications Lessons from Nelson Mandela," Blog Post, December 10, 2013, https://www.wainger group.com /lessons-from-nelson-mandela/.

23 James C. McCroskey, *Introduction to Rhetorical Communication* (Routledge, 2015).

24 Judee K. Burgoon, Randall J. Koper, "Non-verbal and Relational Communication Associated with Reticence," *Human Communication Research* (1984), 10(4), S. 601–626.

25 Dirk W. Eilert, *Mimikresonanz. Gefühle sehen. Menschen verstehen* (Kindermann Verlag, Paderborn, 2013).

26 Bill Vlasic, "New G.M. Chief Is Company Woman, Born to It," *New York Times*, December 10, 2013, http://www.nytimes.com/2013/12/11/business/gm-names-first-female-chief-executive.html.

27 "Rosa Parks and the Montgomery Bus Boycott," *U.S. History*, http://www.ushistory.org/us/54b.asp.

28 Michael Patrick Welch, "An Interview with John Oates, Who Deserves Your Respect," *Vice*, October 21, 2013, www.vice.com/read/john-oates-new-orleans-interview.

29 "How Melinda Gates Is Diversifying Tech," *Fast Company*, January 9, 2017, https://www.fastcompany.com/3066355/how-melinda-gates-is-diversifying-tech.

30 Nancy F. Koehn, "Lincoln's School of Management," *New York Times*, January 26, 2013, http://www.nytimes.com/2013/01/27/business/abraham-lincoln-as-management-guru.html.

31 Michael Weening, "10 Leadership Lessons from Xerox," Blog Post, December 6, 2010, https://michaelweening.com/2010/12/06/10-leadership-lessons-from -xerox/.

5장 내향형 리더만의 강력한 프레젠테이션

32 *Buffet and Gates Go Back to School*, PBS Home Video Net Foundation for Television, 2006.

33 Susan Cain, "An Introvert Steps Out," *New York Times*, April 27, 2012, http://www.nytimes.com/2012/04/29/books/review/how-the-author-of-quiet-delivered-a-rousing-speech.html.

34 Eleni Kelakos, "Achieving Peak Performance," *Speaker*, October 2016, 20–21.

35 Bill Stainton, interview by author, 2016.

36 Bill Stainton, "How to Be a More Creative Person," *TEDxTalk*, March 4, 2017, http://billstainton.com/tedx-talk-creative-person/.

37 Derek Blasberg, "How Jessica Alba Built a Billion-Dollar Business Empire," *Vanity Fair*, January 2016, http://www.vanityfair.com/style/2015/11/jessica-alba-honest-company-business-empire.

38 Tom Nixon, *Fix Your Lousy PowerPoint* (Create Space, July 2015), 3–117.

39 Marilynn Mobley, interview by author, 2007.

40 Patricia Fripp, "Public Speaking—he Importance of the Pause," Blog post, 2013, http://www.fripp.com/the-importance-of-the-pause/.

41 David Hochman, "Amy Cuddy Takes a Stand," *New York Times*, September 19, 2014, https://www.nytimes.com/2014/09/21/fashion/amy-cuddy-takes-a-stand-TED-talk.html?_r=0.

42 Erin Quinlan, "Master of His Domain: 25 Years after 'Seinfeld,' Jerry Is Full of Wisdom," *Today*, July 5, 2014, http://www.today.com/popculture/seinfeld-turns-25-read-jerrys-best-real-life-lines-1D79884423.

6장 내향형 리더가 회의를 주도하는 법

43 Dick Axelrod and Emily Axelrod, *Let's Stop Meeting Like This* (Berrett-Koehler, August

4, 2014), 13, 110–111.

44 Chauncey Wilson, "Using Brainwriting for Rapid Idea Generation," *Smashing Magazine*, December 16, 2013, https://www.smashingmagazine.com/2013/12/using-brainwriting-for-rapid-idea-generation/.

7장 내향형 리더의 네트워킹

45 Andy Lopata, Podcast: "Networking for Introverts," *The Global Networking Show*, July 22, 2015, http://www.lopata.co.uk/resources/podcasts.

46 Jay Conger and N. Anand, "Capabilities of the Consummate Net-worker," *Organizational Dynamics* (2007) vol. 36 no. 1.

47 Jennifer B. Kahnweiler, PhD, *Quiet Influence: The Introvert's Guide to Making a Difference* (Berrett-Koehler, 2013), 129–146.

48 Marcia Newbert and Hilary Teeter, "Why CEOs Need Social Media," *Edelman Digital*, December 1, 2016, http://www.edelman.com /post/ceo-social-media-engage-employees/.

49 Jennifer B. Kahnweiler, PhD, *Quiet Influence: The Introvert's Guide to Making a Difference* (Berrett-Koehler, 2013), 89–108.

8장 내향형 리더의 커뮤니케이션

50 Dr. Gene Griessman, interview by author, May 1, 2017.

51 Ashlea Halpern, "How This Introvert Founder Became a Billion-Dollar Leader," *Entrepreneur*, March 3, 2017, https://www.entrepreneur.com/article/289142.

52 *Curb Your Enthusiasm*, directed by Robert B. Weide, HBO, November 25, 2001.

53 Dr. Gene Griessman, interview by author, May 1, 2017.

54 Jennifer B. Kahnweiler, PhD, "Are You Using Your Full Voice? Support the Meaning and Message You Want to Convey," Blog post, September 21, 2011, http://jenniferkahnweiler.com/are-you-using-your-full-voice-support-the-meaning-and-message-you-want-to-convey/.

55 Dr. Gene Griessman, interview by author, May 1, 2017.

56 Sam Horn, "What Is the Eyebrow Test?," Blog post, 2015, http://samhorn.com/new_samhorn/what-is-the-eyebrow-test/.

9장 내향형 리더가 상사를 대하는 방법

57   Peter Drucker, *The Practice of Management* (Collins, 1993).

58 Joshua Wolf Shenk, *Powers of Two* (Houghton Mifflin Harcourt, July 2014), 182.

59 Wendy Hirschberg, "Planning a Path to Career Success: Your Choice, Your Opportunity, Your Way," *AMA Women's Leadership Program*, June 2017.

60 Bill Treasurer, "How to Manage Your Boss," Blog post, May 19, 2017, http://giantleapconsulting.com/leadership-development/how-to-manage-your-boss/?utm_content=buffer1a13e&utm_medium=social &utm_source=twitter.com&utm_campaign=buffer.

10장 4P 프로세스 성공 사례

61 Chip Bell and Heather Schultz, *Dance Lessons: Six Steps to Great Partnerships in Business and Life* (Berrett-Koehler, 1998).

62 Beverly Kaye and Sharon Jordan Evans, *Love 'Em or Lose 'Em: Getting Good People to Stay*, 4th ed. (Berrett-Koehler, 2008).

63 Jennifer Kahnweiler, PhD, "How CEOs Can Use Quiet Influence to Get Results," *Chief Executive*, October 27, 2013, http://chiefexecutive.net/how-ceos-can-use-quiet-influence-to-get-results/.

옮긴이 이한이

출판기획자 및 번역가. 국외의 교양 도서들을 국내에 번역해 소개하며, 대중이 좀 더 쉽고 재미있게 접근할 수 있는 책들을 기획·집필하고 있다. 옮긴 책으로는 『아주 작은 습관의 힘』 『다시 리더를 생각하다』 『생각하라 그리고 부자가 되어라』 『부자의 언어』 『스토리텔링 바이블』 『인생의 태도』 등이 있다. 지은 책으로는 『문학사를 움직인 100인』이 있다.

콰이어트 리더십

1판 1쇄 발행 2023년 12월 20일
1판 2쇄 발행 2024년 4월 11일

지은이 제니퍼 칸와일러
옮긴이 이한이
발행인 박명곤 **CEO** 박지성 **CFO** 김영은
기획편집1팀 채대광, 김준원, 이승미, 이상지
기획편집2팀 박일귀, 이은빈, 강민형, 이지은, 박고은
디자인팀 구경표, 구혜민, 임지선
마케팅팀 임우열, 김은지, 이호, 최고은

펴낸곳 (주)현대지성
출판등록 제406-2014-000124호
전화 070-7791-2136 **팩스** 0303-3444-2136
주소 서울시 강서구 마곡중앙6로 40, 장흥빌딩 10층
홈페이지 www.hdjisung.com **이메일** support@hdjisung.com
제작처 영신사

ⓒ 현대지성 2023

"Curious and Creative people make Inspiring Contents"
현대지성은 여러분의 의견 하나하나를 소중히 받고 있습니다.
원고 투고, 오탈자 제보, 제휴 제안은 support@hdjisung.com으로 보내 주세요.

현대지성 홈페이지

이 책을 만든 사람들
기획 박일귀 **편집** 강민형 **디자인** 구혜민